Paula Rizzo
Listful Thinking
USING LISTS to be MORE PRODUCTIVE, HIGHLY SUCCESSFUL and LESS STRESSED

リストマニアになろう!

理想の自分を手に入れる「書きだす」習慣

ポーラ・リッツォ［著］
金井真弓［訳］

飛鳥新社

Listful Thinking :
Using Lists to Be More Productive, Highly Successful and Less Stressed
by
Paula Rizzo

身近なところに幸せを見つけるのよ、と教えてくれた母へ。
夢を追いかけなさい、といつも言ってくれたわね。
夢をかなえるために、
わたしがどれほど多くのリストをつくらなければならないとしても。

はじめに

リストがわたしの人生を変えた！

ハイ、みなさん。わたしはポーラ・リッツォ。**「リストマニア」**です。Dictionary.com によると、これは「リストづくりへの情熱を持っている状態」。インターネットの百科事典、Encyclo.co.uk では「リストづくりに異常なほど惹《ひ》かれる状態」と定義されています。

そう、わたしはリストなしにはいられないのです。

一般の人よりも、わたしはストレスが少ないに違いありません。それはもちろんリストのおかげです。リストの項目すべてを消せるだろうかと思ったりもしますが、そのためのツールもテクニックもあります。

わたしがテレビ界のアカデミー賞とも称される「エミー賞」を過去に受賞できたのも、リストがあったからです。締め切りに追われていても、リストを使うことでさらに多くの仕事を進め、海外での結婚式を計画し、引っ越し先を見つけられました。

つくってきたのは、こんなリスト

ここで、わたしがいつもつくっているリストの例を挙げてみましょう。

- **やるべきこと**
- **行きたい場所**
- **物語のアイデア**
- **試してみたいアプリ**
- **お気に入りのレストラン**
- **読みたい本**
- **予定しているイベント**

ほかにも、**気まずい状況を切り抜ける言葉**や、**人を笑顔にさせる方法**など、リストはまだまだあります。

人生のあらゆる状況にできるだけ備えておけば、効率的に物事を進めることがとても簡単になります。

誰もがリストづくりや調べものに燃えるわけではないでしょう。でも、だからこそ、この本を書いたのです。あなたが人生を取り戻し、途方に暮れなくてもすむよう、お手伝いするために。

それは家探しのつまずきから始まった

わたしはいつも変化を恐れてきました。子どもの頃、小学校で新しい先生に替わることや、新しい机に移ることが大嫌いでした。大事に思っていたのは、自分が知っているものだったからです。

だから、夫のジェイがニューヨーク郊外のフォレスト・ヒルズを離れてマンハッタンへ引っ越そうと言ったとき、わたしはいつもどおりの行動をとりました。つまり、黙りこんでその提案を拒否したのです。

「どうして引っ越さなきゃならないの？」そう思いました。「ここにいればいいじゃない！」変化は先が読めず、怖いものだからです。

おまけに時間もありませんでした。わたしたちは予算内で借りられるマンハッタンの地域を片っぱしからチェックしました。けれども、フォレスト・ヒルズ駅で地下鉄F線を降りて今のアパートメントへ戻ったとたん、早くもわたしの頭からさまざまな情報が消えていたのです。

見て回ったアパートメントにクローゼットがいくつあったか、エアコンがついていたかどうか、部屋が何階にあったかということさえも！

家を借りるとき、資料が不十分な場合もあります。写真や間取り図がなかったりもします。ふだんのわたしなら注意深くて集中力もあるのに、なぜかアパートメント探しはお手上げでした。とてもショックでしたが、それも理由が見つかるまでのことでした。

リストがあれば、ちっとも迷わない

わたしは**アパートメント探しをするとき、経験上、完璧にうまくいくとわかってい**

る方法——つまり、リストを使うこと!——を採っていませんでした。何回かがっかりしたり、イライラしたりしたあと、チェックリストをつくろうと決めました。仕事の成功に役立つツールやテクニックを使えば、完璧な住まいを簡単に見つけられることに気づいたのです。

現在、ニューヨークでテレビ局のプロデューサーを務めるわたしは、スタジオや屋外で健康番組のプロデュースをしています。番組のアイデアを考え、インタビューを行ない、ゲストのスケジュールを押さえ、キャスターに準備させ、放送時間を配分し、さらに多くのことをやっています。

番組をプロデュースするときは、各種リストやチェックリスト、報告書などを用いて、心の準備をします。

そこで、アパートメントを見学するときに注意すべきあらゆる点を書いたチェックリストをつくりました。

住所、階数、眺望、フローリングの床かカーペット敷きの床か、クローゼットの数、床面積、寝室とバスルームの数、食器洗い機や洗濯室があるかどうか、ドアマンがい

るかどうか……。

このチェックリストは、オープンハウスに足を踏み入れるたびに指針となってくれました。ジェイとわたしは部屋を歩き回りながらリストを参照し、それに沿った質問をしたものです。このリストのおかげで、自分たちが本当に注目すべき点に集中できるようになったため、決断を下すのに必要な全情報を手に入れてアパートメントから出てこられたのでした。

仕事でも、家探しとやることは同じ

仕事の場での収録用リストと同じように、わたしはこのチェックリストのおかげで、何に注意を払い、何を正確に知るべきかがわかるようになりました。

たとえば、ビデオパッケージ用の題材を撮影するための取材に行くときは、**質問すべきあらゆる問いと撮らなければならない内容を載せたリストを必ず持っていきます。**

撮影の前日、わたしは机に座り、頭の中ですべてのインタビューをリハーサルします。どんなふうに話が進むか、はっきりと思い浮かべてみるのです。まずは医師にインタビューして、患者と医師を試し撮りし、それから患者にインタビューする、というふうに。この話の目的を考え、医師と患者に尋ねるべき質問を全部リストに書きだします。こうすることで、ひとつも漏れがないと確信できるのです。

これまで相当な数の撮影に取り組みましたが、必ず前もって準備しています。何が起こるかわからないし、本筋から外れると制作費が上がるかもしれません。テレビの取材でいちばん望ましくないのは、決定的な場面を撮れずに局へ戻ることです。

もちろん、編集担当者たちが奇跡を起こしてくれるでしょうが、たとえばさっきの例だと、治療の重要な部分に取り組む医師を撮った場面がなければ、作品が死んでしまいます。

撮影しているときは、計画どおりにいかない場合もあるでしょう。インタビュー中に医師が患者を診《み》るために席を外さなければならなかったり、緊急事態が起きたりするかもしれません。でも、**チェックリストがあれば、どこでインタビューが中断したか、現場から帰る前にあとは何をやるべきかが正確にわかるのです。**

アパートメント用のチェックリストがあれば、それを持って家に帰り、自分とジェイの前に全リストを広げて比較できます。リストのおかげで、イースト・ヴィレッジにすばらしいアパートメントを見つけられました。そしてわたしたちは、そこで楽しく暮らしたのです。

不動産仲介業者さえリストを欲しがった

引っ越してから1か月ほど経った頃、わたしの友人がアパートメントを探し始めました。友人は家探しが計画的に進まなくてかなり参っていると言い、「あなたが使ったあのリスト」を貸してくれないかと頼んできました。

そこで例のチェックリストを渡してあげると、友人はさっそく出かけていったのです。そして友人も、リストの力を借りて申し分ないアパートメントを見つけられました。

ある不動産仲介業者はそのリストを見て名案だと思い、コピーをくれないかと頼んできたそうです。顧客に見せたいということでした。友人は戻ってきてこう言いました。

「あなたって、リストのことがよくわかっているのね」

本書から手に入れられること

２０１１年4月、わたしはListProducer.comを開設しました。このサイトで、わたしのリストやほかにも役に立つさまざまなテクニックを公開しています。また、多岐にわたる分野のエキスパートから教えてもらったいろいろなアイデアも。

「リストフル・シンキング（リスト活用思考）」とわたしが呼んでいる考え方は人生のすべてに当てはまり、ほぼあらゆる状況に活かすことができます。このサイトの目的は、何をするときももっと効率よく生産的になり、もっとストレスを感じなくなるよう、みなさんを助けることです。

本書を読むことでどんな利点があるか、いくつか挙げてみましょう。

- **職場でも家庭でも、もっと生産的で効率よくなれる**
- **新しい戦略がわかり、悪いリストづくりの習慣が改められる**

・心からやりたいと思っていることに使える時間をより多く確保できる

・いつも何もかもやらなくてもいいように、人生のさまざまな面をアウトソーシングする方法がわかる

・時間ができるので、もっとすてきなプレゼントをしたり、もっとすばらしいパーティを開いたり、もっと何かに打ちこめるようになる

・ストレスが減る

そのために、まずはリストづくりという課題があります。**この本から手に入れたい3つのことをリストにしてみましょう。**

先ほど利点として挙げたものでもいいし、それ以外のことでもかまいません。たと

えば「もっとてきぱきした人間になる」など、あなたしだいです。
リストをひとつつくるたびに目標に近づけるよう、本書であなたを導いていきます。
さあ、始めましょう！

もくじ

リストマニアになろう！

理想の自分を手に入れる「書きだす」習慣

はじめに——リストがわたしの人生を変えた！——004

第1章

さあ、リストで自分の人生を取り戻そう！

第2章

リストの定番！ToDoリストをつくろう

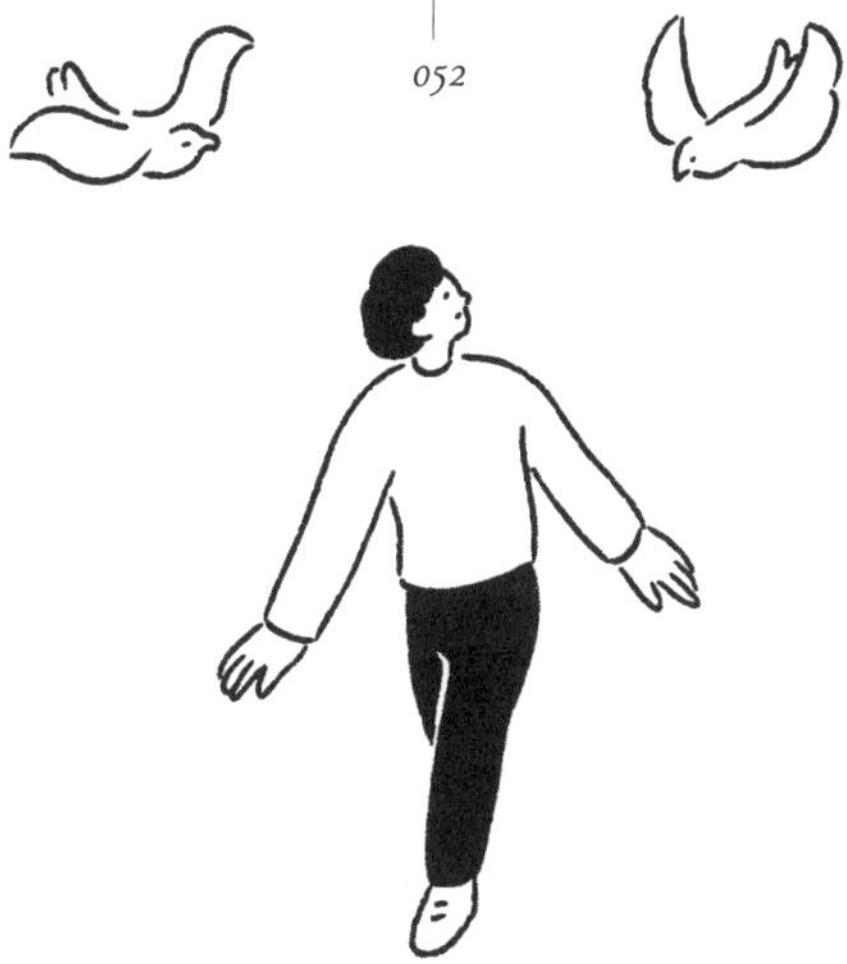

第3章

ToDoリストを使って ビジネスで成功する！

第4章

夢をかなえるためのリストいろいろ

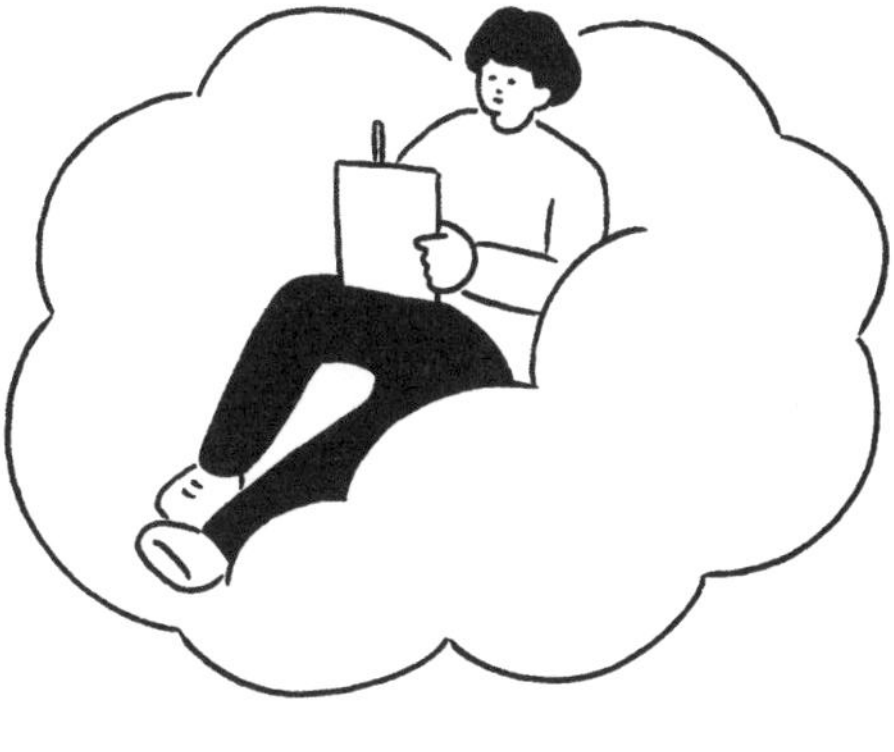

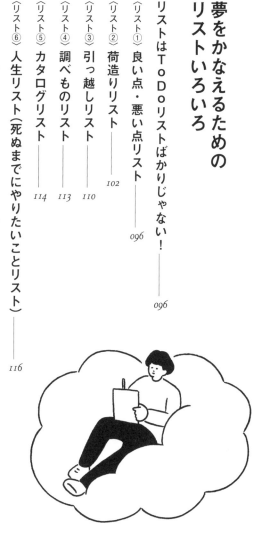

第5章

リストを使えば、家庭もうまくいく！

第6章

人づき合いもイベントもリストにお任せ！

第7章

人生をアウトソーシングしよう！

第8章

今すぐ、デジタルで行こう！

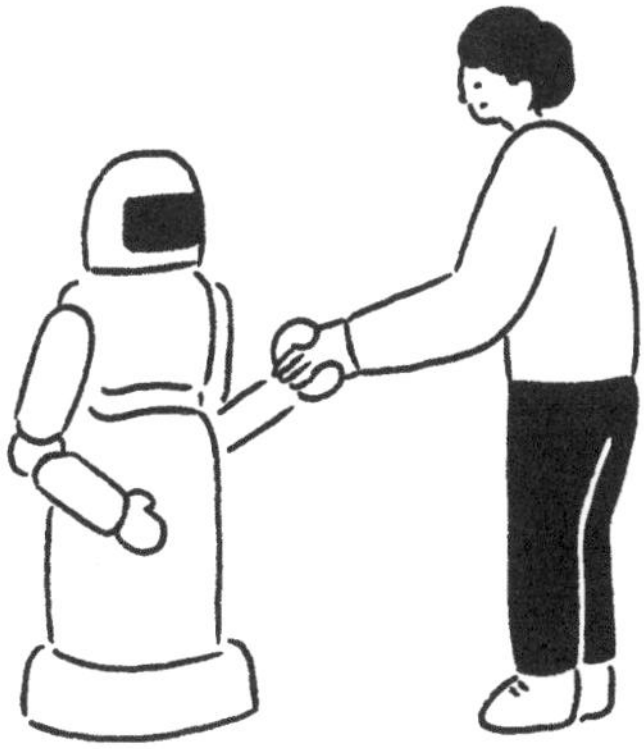

カバーデザイン／井上新八
本文デザイン／新田由起子
イラスト／深川優
編集協力／坂本久恵、佐々木正悟

第1章

さあ、リストで自分の人生を取り戻そう！

成功者はみんなリストをつくっている

マドンナ、マーサ・スチュアート、リチャード・ブロンソン、ジョン・レノン、ベン・フランクリン、ロナルド・レーガン、レオナルド・ダ・ヴィンチ、トーマス・エジソン……。

彼らに共通しているのは**「リストをつくっているか、つくっていた」**ということです。成功者、それに多くのＣＥＯ（最高経営責任者）や多忙な起業家はリストを使ってさまざまなアイデアや考え、いろいろな課題を記録しています。

ビジネス向けのウェブサイト、リンクトイン（LinkedIn.com）による調査で、専門職に就いた人の63％が、**ＴｏＤｏリスト（やることリスト）**を頻繁《ひんぱん》につくっていることがわかりました。

でも、これらがきちんと利用されているかどうかはまた別の話。実は、同じ調査からこんなことも判明しました。リストをつくった人の中で、ある1週間にリストの全項目をやり遂げたのは、たった11％だった、と。

知っていましたか?

あのマドンナもリスト活用者

マドンナはリムジンに乗っている間や幕あい、ちょっとした用事をすませる間にリストを書くことで知られています。

彼女のリストに載っているのは、やるべきことや買わなければならない物、人と会う約束、連絡事項など。こうしたリストにオークションで何千ドルという値段がついています。

「やること」はどんどん増え続ける

時間――それはいくらあっても十分ではないもの。わたしたちは職場や家庭、社会生活で数えきれないほどのことをしています。

1日に何もかもやってのけたうえに、息抜きまでしようとすれば、もう大変。ストレスを感じ、限界を超えた気がして、疲れ果ててしまうでしょう。

ファミリー&ワーク研究所の調査によると、アメリカの会社員の半数以上が**働きすぎ**だと感じているそうです。ＴｏＤｏリストはどんどん増えていくばかり。

たとえばある1日だけを取り上げてみても、リストにはこんなに載っています。

- ☑仕事のプロジェクトを完成させる
- ☑子どもたちをダンス教室へ車で送っていく
- ☑ガレージの中を片づける
- ☑新しい仕事を探す
- ☑休暇の計画を立てる
- ☑友だちと飲みに行く

目標は「ひと口サイズ」で考える

もっと成功したい、もっとお金が欲しい、もっと幸せになりたい、もっと健康になりたい。多くの人がこんな願いを持っていますが、それは実現しそうにありません。

願いが実現しないのは運が悪いからとか、忙しすぎるせいや資金不足のせいなどにされがち。でも、実を言えば、**人生はたった１枚の紙（またはたったひとつのアプリ）でガラッと変えられるのです――とても簡単に、誰にでも！**

人生のあらゆる面でさらに成功するために必要なのは、希望的観測（ウイッシュフル・シンキング）ではありません。大事なのはリスト活用思考（リストフル・シンキング）なのです。

なぜなら、**ひとたび目標を書き記したとたん、それを達成する責任が生まれてくるからです。**たとえその目標が、スーパーで卵を買ってくることでも、本を執筆することでも、するべきことは同じ。人生で自分が手に入れたいものを獲得すること（そして、ＴｏＤｏリストからその項目を消去すること）になるのです。

もしもあなたが無駄な努力をしていると感じる大勢のうちのひとりなら、そんなことを感じなくてかまいません。リラックスしたり、おもしろい本を読んだり、好きなことをしたりする時間はちゃんと見つかります。

リストフル・シンキングを身につければ、人生を取り戻せるのです。目標をひと口サイズにして考えるほうが、大きな塊《かたまり》を噛み切るように考えるよりも簡単だからです。

やるべきことの活動計画、いろいろな問題、そして直面するほとんどの課題も、リストがあるほうがはるかに楽に対処できます。その方法をこれから紹介しましょう。

- **もっと多くのことを片づけられるようになるリストのつくり方**
- **時間を節約する方法**
- **もっと計画性のある人間になる方法**
- **もっと充実した人生を送る方法**
- **お金を節約する方法**
- **ストレスを減らす方法**
- **職場でも家庭でももっとうまくいくようになる方法**

リストをつくる＝心の準備をする

リストをつくると、目標の達成に役立つだけでなく、ストレスが減ってもっとバランスが取れた人間になり、あまり時間に追われなくなります。

たとえば、長旅をして宿に着いたら、歯ブラシを忘れてきたことに気づく。黒いパンツを買おうとしてショップに行ったのに、それを買わずに帰ってきてしまった。そういう経験は誰にでもあるのではないでしょうか。

もし、それを書きだしておけば、忘れることはなかったでしょう（書いても忘れる場合だってあります。でも、紙に書いたほうが忘れないはず）。

リストはストレスを緩和し、目標を達成し、助けてくれる役目を果たします。時間やお金も節約してくれます。リストによって、あなたはどんな状況にも心構えができるようになるのですから。

このローテクな方法は誰にとっても効果があります。リストのおかげで、整理整頓ができない人も、物事をきちんと整理して考えられる人に変わるのです。

大切なのはちゃんと準備しておくこと。そして、じっくり考えることです。

信じたものが現実になる

「あなたは自分が信じたものになる」

この言葉は長い間、わたしにとっておまじないの役目を果たしてきました。女優でテレビ番組の司会者、オプラ・ウィンフリーのおかげです。

わたしはオプラの番組を欠かさず観てきました。ほんの13歳だったとき、国民的人気トーク番組「オプラ・ウィンフリー・ショー」にすっかり夢中になり、彼女にファンレターを書いたのです。手紙を出したところ、オプラの公式なレターヘッド入りの返事を、サイン入りの写真と一緒にもらいました。

手紙の中のこんな言葉が気に入っています。

「時間が足りなくて、あなたのすべての質問には答えられないのだけれど」

知りたがり屋の「子どもジャーナリスト」気取りだったわたしがどれほどたくさんの質問をしたのか、想像するしかありません。

「あなたは自分が信じたものになる」はオプラのもっとも有名な言葉のひとつですが、

これは彼女がマヤ・アンジェロウ（詩人、作家、歌手）の名言から借りたものでもあります。この言葉はわたしが最高に気に入っている人生の教訓です。まさにそのとおり。自分を信じれば、思い描いた自分になれるのです！

リストの力を信じて変わる

いったん、何かをやろうと決心したら、やり通すのはうんと簡単になります。あなたはこんなふうに変われるでしょう。

- **行動に責任が持てる**
- **やる気が出る**
- **自分の決心をたびたび思い出せる**

何かを紙に書きだしてみるのはとても効果的です。この方法は牛乳を買うなどの単純な行動はもちろん、新しい仕事を探す、最愛の人とやっかいな話し合いをするといった、より複雑な場合にも当てはまります。計画的で、いっそう意志の強い人になれるのです。

また、リストのもうひとつのすばらしい点は、**どんな問題についても同じ効果が得られる**ことです。

リストをつくる「6つのプラス面」

リストをつくるプラス面を挙げてみましょう。

❶不安が減って時間が増える

「やらなくちゃならないことが、もう山積み。どうやったら全部やれるっていうの？」

あなたのそんな不安も、リストをつくればやわらぎます。やるべきことを紙に書き始めて（またはスマートフォンに入力し始めて）頭から追い出したとたん、ストレスのレベルは下がります。

それに、人は忘れる生き物。平均的な大人の注意力が続くのは15分から20分の間とか。だから、やらなければならないことが途中で抜け落ちてしまうのです。

何かを思いついたら、目立つように書いておくこと——冷蔵庫のドアに貼ったメモや、デスクにある付箋に。自分にメールしてもいいし、スマートフォンのカレンダーに入力してもＯＫ。わたしの場合、やらなければならないことが頭に浮かんだとたんに書きだしています。

そうでなければ、**ほかのことをやっている間に、すぐに消えてしまうからです。**思いついたことをさっと書いておくだけで、時間の節約になり、あとでイライラすることもなくなるでしょう。

❷脳のパワーが高まる

リストをつくるときに使う脳の一部は、ふだんは使わない部分。だから、人生をきちんと整理しながら、脳の力をアップさせて冴えた状態でいられるわけです。

記憶力の専門家シンシア・グリーン博士は、リストづくりがどれほど脳の助けになるかについて、こう言っています。

「リストづくりのように記憶を助けるツールを使うことで、人は覚えておくべき情報にもっと注意を払うようになります。そして、そういう情報は理路整然と組み合わせて並べられることによって、意味が与えられるのです」

❸目的に集中できる

忙しい生活を送っていると、物事に集中することがだんだんむずかしくなります。顧客や友人にメールを書こうとしていたら、また別のメールが来て、そちらに気を取られてしまったという経験はありませんか？　最初に書いていたメールを途中にしたまま、2番目のメールを書くうちに上司から呼ばれたり、子どもたちが泣いたり、宅配便が来たりして……うわあっ、もう大変！

リストがあれば、邪魔が入る前に自分がやっていた作業に戻るのが簡単になります。もし、ジョンにメールの返事をする必要があったのに、上司から電話が来てしまったら、ToDoリストに「ジョンにメール」と書いておけばいいのです。

やるべきことを書くというのはとてもシンプル。たいしたことがないように思うかもしれませんが、信じられないくらい効果的です。

つくったリストを手引きにすれば、目的を確認し続けられます。焦点をはっきりさ

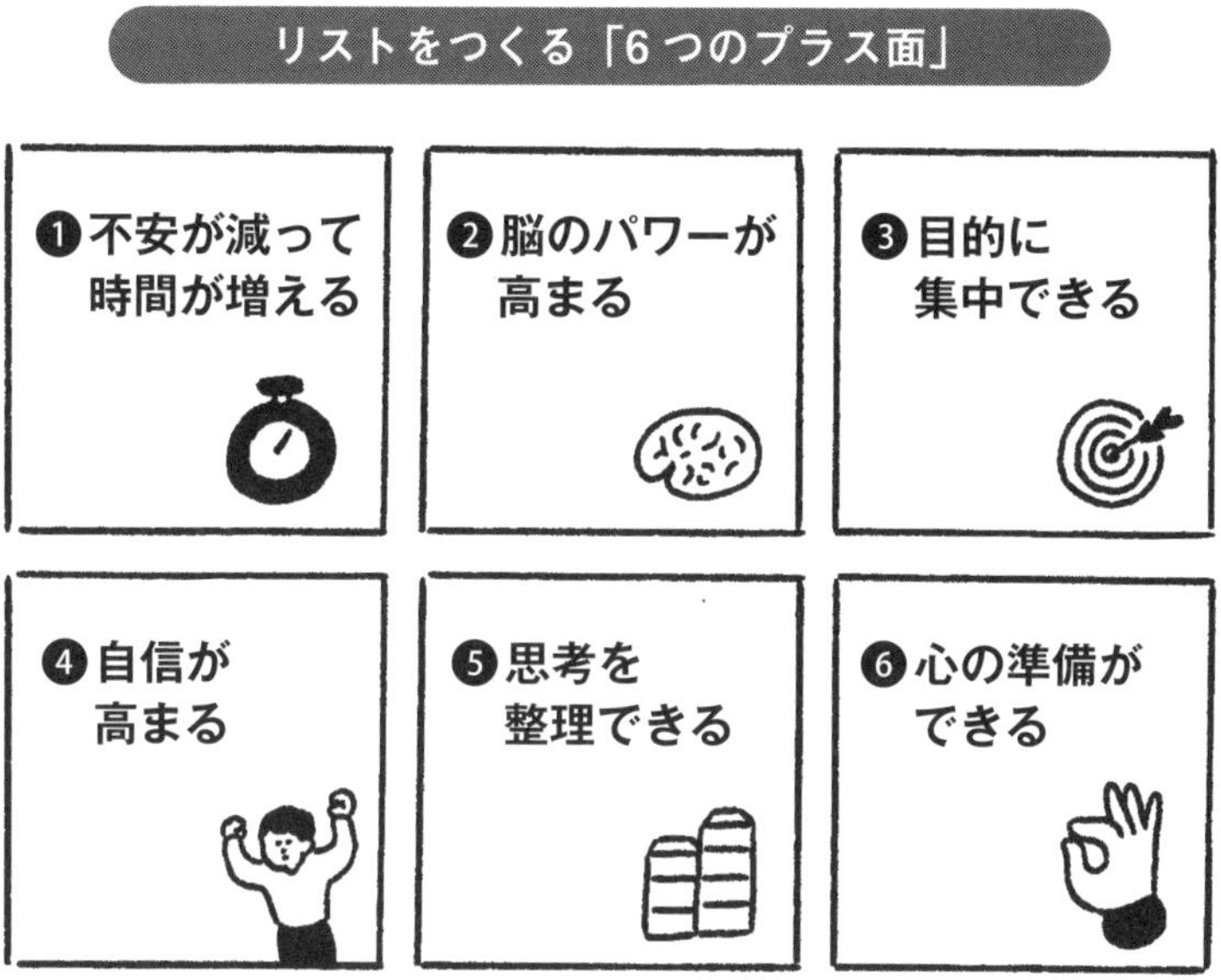

リストをつくる「6つのプラス面」

❶ 不安が減って時間が増える	❷ 脳のパワーが高まる	❸ 目的に集中できる
❹ 自信が高まる	❺ 思考を整理できる	❻ 心の準備ができる

せるツールによって間もなく、あなたは**1日にやるべきことを前よりもたくさんできるようになり、しかも心から好きなことをする時間もあることに気づくはずです。**

❹自信が高まる

リストから項目を消していくことが、わたしは大好き。達成感というすばらしい感覚が味わえるからです。書いてさえいなかった、すでにやってしまったことをリストに加えることすらあります。**ただその項目を消したいから！**

自信を持つことで、やる気も計

画性も持続できます。先ほどのグリーン博士は、**「リストをつくることが、物事をコントロールできているという感覚を身につけるのに役立つ」**と言っています。

積極的に自分の人生に参加すると、さらに力を得られます。多くのことを片づけられるようになれば、自分が成果を上げられる人間で、より有能だと思えるようになるでしょう。

❺思考を整理できる

困難な決断をしなければならないときや、休暇の計画を立てるといったときも、わたしは思いついたすべてのことを紙に書きます。

リストを書き、目標の達成に役立つあらゆるステップを考えると、**これから待ち受けているものに立ち向かう用意ができたように感じます。**リストをつくって心の中を片づければ、混乱状態になることも減るでしょう。

❻心の準備ができる

ガールスカウトの公式モットーは**「備えよ、常に」**です。わたしはガールスカウトに入ったことはありませんが、このモットーはとても大切だと思います。**わたしはいつも手元にお菓子とメモ、そして鉛筆を置いています。何があるかわからないからです。**

同じことが人生のどんな面にも当てはまります。アパートメントを探すときも、職探しをする場合も、優先事項をチェックできるリストが必要です。

避けられたはずの大失敗

テレビ業界でのわたしの初仕事はロングアイランドにあるテレビ局でのものでした（余談ですが、夫となる人に出会ったのもここです）。ある晩の出来事は不名誉なものとして長く残るでしょう。何もかも、避けられたはずのばかばかしい失敗から起こったのです。

その夜、メインキャスターが休暇中で、11時のニュース放送はレポーターの女性が代役を務めることになっていました。やがて11時になり、1カメの赤いライトがともりました。生放送でした。

代行のキャスターは番組のオープニングの言葉を完璧に述べました。それから打ち合わせどおりに3カメのほうを向き、ニュースを伝えようとしたところ、なんとニュース原稿がなかったのです！　最悪！　まさしくキャスターにとっての悪夢です。原稿を画面に表示する装置のテレプロンプターに映っていなかったのです。

代行のキャスターは口ごもり、手元の原稿に目をやりました。そして必死になって、何も問題などないというふりを装ったのです。でも、彼女にも視聴者にも、また番組に関わっていた誰の目にも明らかでした。「何かまずいことが起きたのだ」と。

その晩、事後検討のミーティングが行なわれ、代行のキャスターはカメラオペレーターを強く責めました。結局、そのとき3カメにいた研修生が、テレプロンプターの電源を入れ忘れたことがわかりました。

翌日、ニュースディレクターから全員にお達しがありました。**「スタジオのカメラを操作する前に、全員がチェックリストに記入すること！」**と。

このアイデアに対して天を仰いだり、うめき声をあげたりといった反応がありました。でも、わたしたちは言われたとおりにやったのです。

わたしがそのテレビ局で働いていた2年間、どの番組でも、始まる前にはひとり残らずチェックリストの項目を全部埋めました。

- ☑テレプロンプターの電源を入れる
- ☑カメラを上下に動かしてみる
- ☑カメラを左右に動かしてみる
- ☑カメラの焦点をチェックする
- ☑ヘッドセットを確認する

どれもシンプルな行動です。でも、気持ちがほかのことにそれてしまって、チェックリストにあるうちのひとつでもやりそこねる場合があります。そうすれば、わたしたち全員が目撃したように、それは災難になりかねないのです。

操縦にも手術にもチェックリストがある

リストを使って助けを得ることは、あらゆる分野の人に当てはまります。**以前から**

飛行機のパイロットや医師の役にも立ってきました。

ボストンのブリガム・アンド・ウィメンズ病院の外科医であるアトゥール・ガワンデは著書の『アナタはなぜチェックリストを使わないのか？　重大な局面で〝正しい決断〟をする方法』（晋遊舎）で、飛行機のパイロットには飛行中に問題が起きた場合に備えた緊急時チェックリスト以外に、飛行前点検のチェックリストもあることを述べています。

「パイロットは自分の行動を心得たプロなのだから、飛行前点検のチェックリストなんて不要だ」と思われるかもしれません。でも、プレッシャーを感じているときは、ごく単純な手順さえ簡単に忘れてしまうものです。パイロットは見過ごしてしまうかもしれない些細《ささい》な物事を、チェックリストのおかげで思い出せるのです。

コックピットに収まってから目的地に到着するまで、パイロットが点検するチェックリストの数は13あるそうです。わたしにそれを教えてくれたのは、20年以上にわたって民間の航空会社でパイロットを務め、『コックピットの秘密（*Cockpit Confidential*）』（未邦訳）の著者でもあるパトリック・スミスでした。

スミスによると、チェックリストやそれに相当するものは航空会社によって異なるそうですが、どれも**離陸前から飛行機が最終目的地に着陸するまでの全行程の指針を示している**ということです。「チェックリストなしで飛行機を操縦するなんて想像もつかない。つまり、すっかりしみついた習慣になっているということだ。チェックリストがなかったら、自分が裸のような気がするだろう」とスミスは語っています。

パイロットはチェックリストに載っている作業を記憶するよう訓練されていますが、「クイック・リファレンス・ハンドブック」を取り上げる状況もあります。これは思いもよらない事態になったときにガイドとなるリストです。

「それはとても分厚く、まさに何百ものチェックリストが載っている。尋常ではない状況になった場合に使われるリストだ。何か機能に問題が生じたとき、緊急事態が起こったり、システムに問題があったりしたら、そのガイドブックが導いてくれる。『ＴｏＤｏリスト』と表現するのが近いやり方でね」とスミスは言っています。

小さな物事だから重要ではない、とは言えない。

——パトリック・スミス、パイロット

ガワンデ医師は世界保健機関（WHO）と協力し、世界中のさまざまな病院にチェックリストを導入しようとしてきました。チェックリストがパイロットや高層ビルの建設作業員に効果的だとわかったからです。

２００８年、ガワンデ医師のチームは19項目のチェックリストから始めました。半年後、研究対象である８つの病院で、**主要な術後合併症が36％低下した**という結果が出たそうです。

わたしは、ニューハンプシャー州の外科医で、手術・検査などに伴う痛み、発熱・出血などをできるだけ少なくする低侵襲《ていしんしゅう》医療の専門家であるクリストファー・ローズベリー医師に、手術室でチェックリストを使うことについて尋ねました。すると、こんなメールが返ってきたのです。

「簡単な書式のチェックリストを使うことにより、手術前の手順が容易になりました。われわれのＳＣＩＰ（２００３年、アメリカ疾病対策予防センターによって始められた外科治療改善プロジェクト）の評価は１００％近くに上昇しています。実を言えば、異常値を検出した患者は、事前に印刷したチェックリストがなぜかカルテに添付されないで手術室に運ばれた人たちでした。チェックリストがあれば、不確実な記憶を除外することができます」

ほらね、やっぱりチェックリストは役に立つのです！

リストで「理想の自分」を手に入れる

Listproducer.comのブログを始めてから、わたしはリストがさまざまな用途に使われていると聞くようになりました。

リストはただ単に物事を決定するとか、食料品の買い出しや、やるべきことを覚えておくためだけに使われるのではありません。**ヒーリングや健康、業績の達成、人格を育てることにも用いられている**のです。

同時多発テロのあと、『運べる分だけの荷物を詰めなさい（*Only Pack What You Can Carry*）』（未邦訳）の著者であるジャニス・ホリー・ブースは、鏡を見たときに見つめ返してくる自分の姿がいやだったと言います。テレビ画面に映し出された、アメリカ史上最悪のテロ攻撃を目の当たりにしたわたしたちの大半と同じように、ジャニスも自分の人生の価値をふたたび考え始めました。

「わたしが人に対して厳しい性格なのはわかっていたわ。嫌味な人間ではなかったけれど、批判的でした。いったん人を批判するようになると、間違った道に進んでしまうものです」

ジャニスはそう認めています。

ガールスカウト協会の会長でもあるジャニスは、とても親切な人間ですが、手厳しくてかたくなで相手を見下す印象を与えるときがあると、同僚や友人から聞いて知りました。ジャニスは、頭がおかしくなりそうなほど深く傷ついたそうです。自分がそんな人間だと思っていませんでしたから。そこでジャニスは、変わろうと決意しました。

「傷はあまりにも深かったし、それを癒さなければならないと思いました。でも、どうしたらいいかわからなかったの。わたしがやり方を知っていたのは、リストをつくることでした」

そのリストに人生を救われたとジャニスは言います。それは**ToDoリストではありませんでした。理想の自分になるためのリストだったのです。**

これは、リストをつくることによって人生がより良いほうへ変わった数多くのケースのほんの一例です。リストはほとんどどんなことをする場合にも指針として使えます。

セラピーとしてのリストづくり

リストを書くことはセラピーのような作用があり、心が穏やかになる効果があります。頭の中から考えを取り出してそれに向き合うと、**何かを覚えておかなければならないというストレスが減るのです。**思いついたことを書きだしたり、スマートフォンに入力したりすれば、忘れないように覚えておかなくてもすみます。

心理学者や精神科医は、「不安を避けるためにリストをつくりなさい」とよく患者にすすめます。**リストを用いて、状況のプラス面とマイナス面を予測することは、むずかしい決断をするときにとても役立つでしょう。**

「頭の中に物事をファイルして保管し、きちんと整理し続けるには知的な活動が必要です。思考にどれほど重い負担をかけているか、わたしたちは低く見積もりすぎているのではないでしょうか」

アトランタを中心に活動している精神科医で心理療法士のトレーシー・マークスはそう指摘します。

このようなタイプの精神的ストレスが人に与える感情面や肉体面の害については誰もが知っているでしょう。たとえば、不眠や肩こり、気分にムラが出ることなど。マークス博士はリストづくりを**「排水溝をあけて、積み重なってきたものをただ流してしまうこと」**だと述べています。

ストレスを適度なバランスに保つのは、健康や幸せにとって大事なこと。「人間の体は長期にわたって高いレベルのストレスや刺激を受け続けることはできません。無理なのです」と『いつもストレスを抱えているのは、ストレスがないと不安になるからだ』（アルファポリス）の著者、ハイディ・ハナは語っています。「どんなものにもリズムがあると考えられています。急に変動がなくなってしまうと、致命的です」と。

リストをつくると、かえって自由になる？

とにかく、どんなものでもリストになります。あらゆるリストをつくるためのウェブサイトやブログがいろいろあります。そういうサイトやブログの実際的でお仕着せの書式はともかく、リストには大切な目的がほかにもあるのです。

どんな作業でもチェックリストがあれば、それをもとに物事に集中でき、意欲が湧き、きちんと整理し続けられるということ。しかも、**成功を確信しながら。**

「人間は習慣を持った小さな生き物。習慣化することで、物事は自分にとっていっそう簡単になります。リストづくりを考える人には、きちょうめんなA型人間もいるでしょう。でも、わたしにとって、リストづくりは自由を与えてくれるものです」

プロのオーガナイザーでdClutterflyという会社の運営者であるトレーシー・マクビンはそう語っています。

第2章

リストの定番！ToDoリストをつくろう

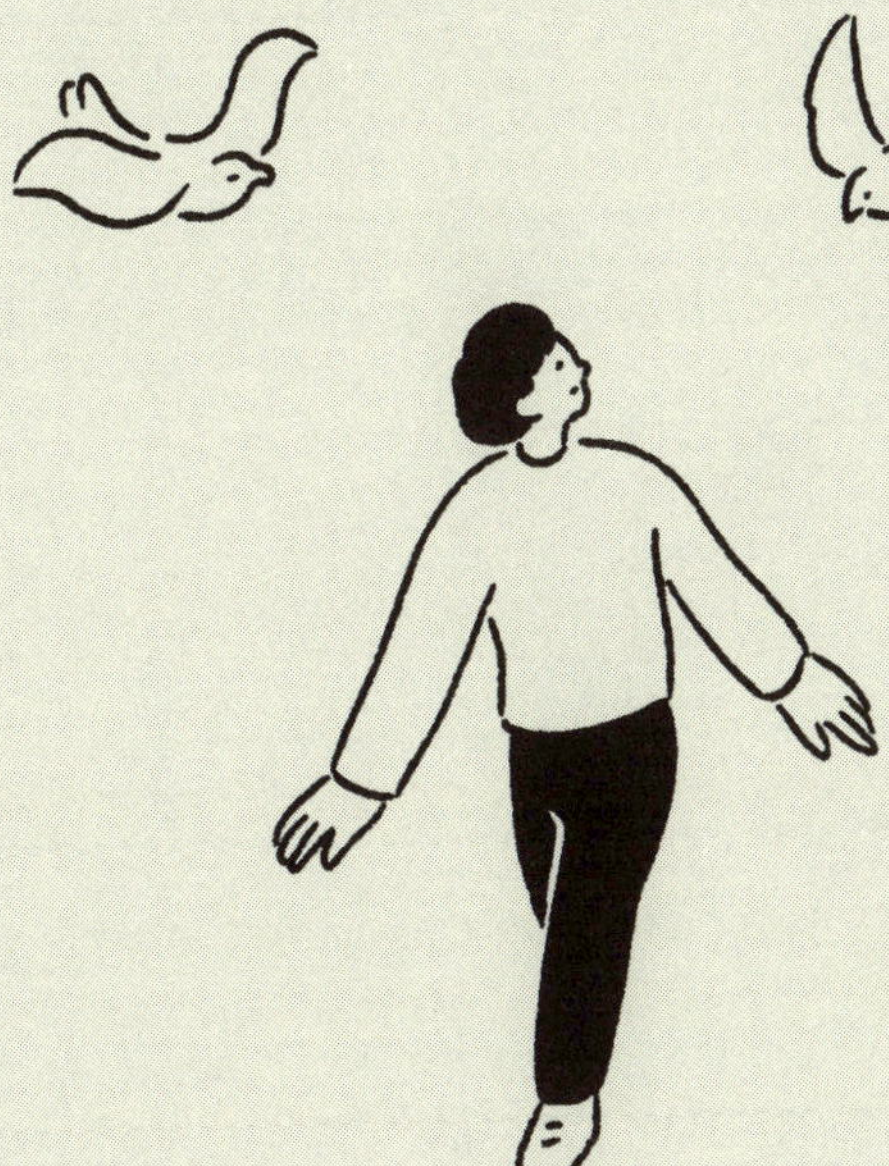

リストづくりは「シンプル」に！

ＴｏＤｏリストをつくる場合も、そのほかのリストを書く場合も、考えを紙に記すという行為は心や体、精神に良い影響を及ぼします。

リストをつくるというシンプルな作業に、ほんの少しだけ時間を費やすことによって大きな見返りが得られるのです。

わたしが敬愛する、ジャーナリズム専門のキャシー・クレイン教授は学生のレポートを批評するときにとても愛情をこめてよくこう言いました。**「シンプルにしなさい、おばかさんね」**と。

クレイン教授の言葉は人生のあらゆるものに当てはまると思います。もちろん、リストづくりにも！

ＴｏＤｏリストのつくり方「５つのステップ」

リストづくりにうんざりして、「もうやめた」ということは簡単です。そこで、究極のＴｏＤｏリストづくりとそれをやり遂げる方法を教えます。そして、リストによって目標を達成する方法も。まずはＴｏＤｏリストのつくり方から説明します。

❶ひたすら書きだす

目の前にないものは、たちまち忘れてしまいがちです。**やるべきことが思い浮かんだらすぐに書いてください。**この時点ではリストの項目がきちんと並んでいないことなど気にしなくて大丈夫。ただひたすら書きだしてください。

❷リストを整理する

やらなければならない多くのことがわかったら、リストを整理しましょう。**仕事、家庭、子ども、娯楽というように、種類別に中身を分けてください。生活の領域ひとつひとつについて専用のリストをつくりましょう。**分類しないと、リストが負担になり、投げ出してしまうことになるでしょう。

たいていの場合、わたしはそれぞれの項目にふさわしい場所にリストを置いています。仕事のリストは職場のデスクの引き出しに、家庭に関するリストはわが家のデスクの引き出しにあります。リストがどこにあるか、どんな種類のことが書いてあるか、わたしはいつも把握しています。

物事をきちんと分けることで心の準備ができます。そうすれば、リストを見るときにはその作業に取り組む用意ができているのです。これは驚くほどの効果があります。「物事を整理すれば、事実を正しくとらえておけるし、多すぎる用事に振り回されることもないでしょう」と、トレーシー・マークス博士は指摘しています。

さらに、**没頭してしまいがちなタスク（作業）については開始時間と終了時間を決めるというように、1日の時間を区切る**のがマークス博士のおすすめ。たとえば、Eメールをチェックするといったタスクの場合です。こうした計画をしっかり守れば、注意力が散漫にならないし、能率が上がるでしょう。

❸優先順位をつける

種類別に分類したリストができたら、各項目をよく調べ、**締め切りや重要度に応じた順番をつけてください**。こうすれば、脇道にそれず、今すぐやるべきことだけに集

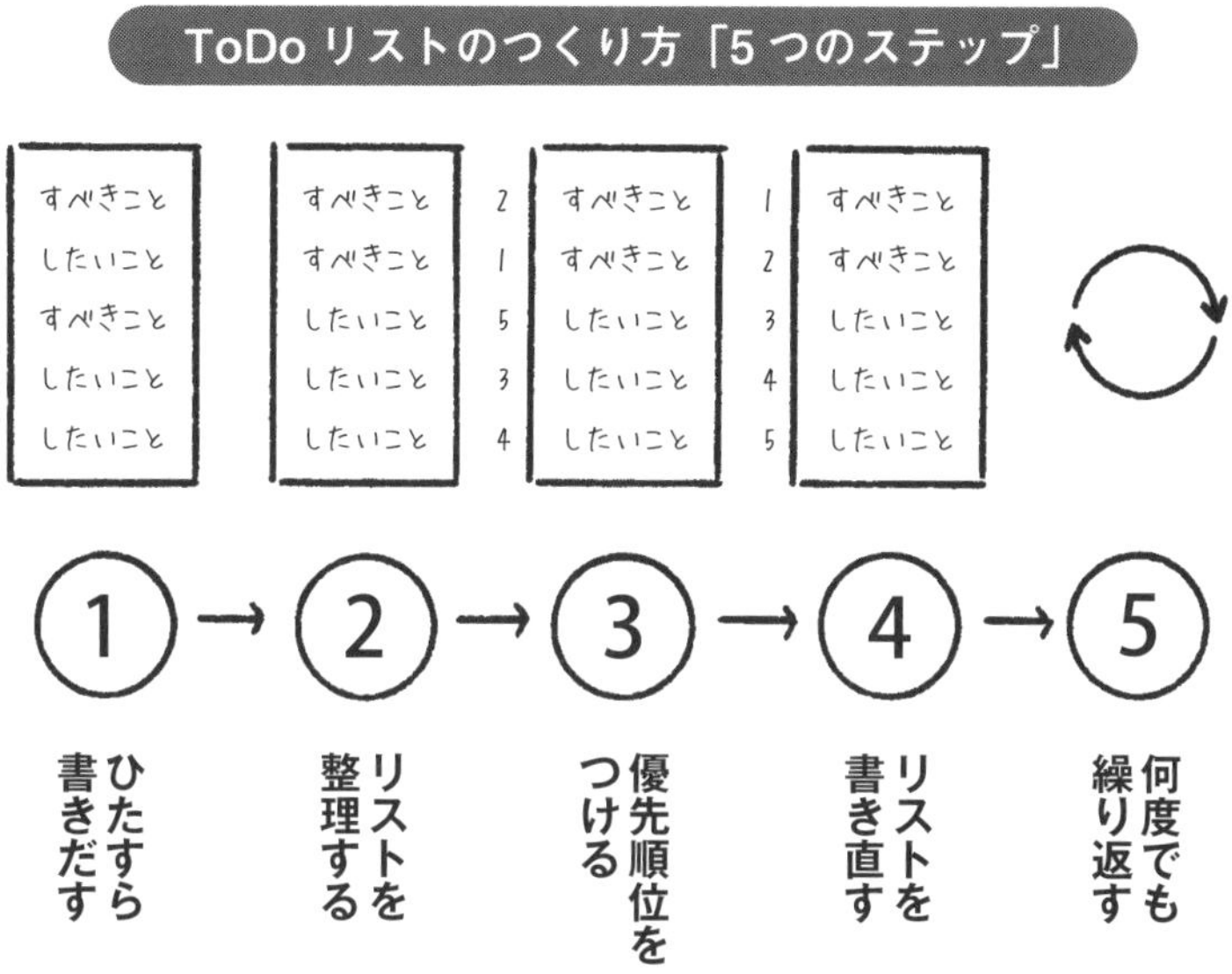

中できるでしょう。

もっと簡単にやれるタスクがほかにあっても、あまり重要ではないかもしれません。ただ簡単だというだけで飛びつきたくなる気持ちを抑えてください。

そんなことをすれば、スケジュールが遅れてしまうだけです。

❹リストを書き直す

リストを種類別に分けて、もっとも重要なことを決めたら、リストを書き直してください。

読みやすくてきれいなリストをつくれば、いっそう目を向けたく

なり、順番に項目を消していきたくなるでしょう。

わたしはリストを何度でも書き直します。あなたに向くやり方を見つけてください。わたしはリストにたくさんの項目がごちゃごちゃと載っているのが好きではありません。だから、メモしたせいでリストが雑然としてくると、新しくつくり直すことにしています。

❺何度でも繰り返す

物事をやり遂げるには、いくつでも必要なだけリストをつくってください。わたしは**リストを毎日つくり、１日のいつでも、またそのリストに項目をつけ加えます。次の日は、前日に片づけられなかった項目をリストにつけ足す**というように進めていくのです。

「書いたらもう終わり」ではない！

リストづくりにも正しい方法と間違った方法があります。ただ紙に項目を書くだけでは十分ではありません。タスクがずらりと並んだ長いＴｏＤｏリストがあると、心配になってくるし、いやになってしまうでしょう。

リストをつくる目的は、もっと気分が良くなることです。もっと悪くなることではありません。

「何もかもリストにすると、自分がまるで無力になったように感じると気づきました。なぜなら、リストの全項目をやり遂げることなんて絶対にできるはずがないからです」

そう語るのは、『心を整理して、人生の整理をしよう（*Organize Your Mind, Organize Your Life*）』（未邦訳）の共著者、マーガレット・ムーアです。ムーアは**「最適な量」だけ働くこと**をすすめています。この量は人によって違うでしょう。どれくらい働くのがベストかは自分にしかわかりませんから。

「物事がきちんとしていて状況がすべて把握できていると感じられる、やるべき量は自分で見つけなければなりません。それができれば、疲れすぎたりしないでしょう。試行錯誤するうち、明確に理解できるようになります」とムーアは説明しています。

やり遂げるための「6つの方法」

リストをつくるときには、それらが本当にやり遂げられるのかという問題がつきものです。いったんリストをつくったら、その問題を軽くするための簡単な方法をいくつか試してみましょう。

❶リストを評価する

優先順位をつける

ＴｏＤｏリストに取り組むとき、優先順位をつける作業は唯一の、そしてもっとも大切なことです。結局は、リストの項目がどれも不要だったということになるかもしれません。

では、**今本当にやるべきことは何でしょう？　また時間を無駄にしないためにはどうすればいいでしょうか？**

現実的になる

あなたは自分に何ができるか、わかっています。でも、ＴｏＤｏリストをつくるときは正直で現実的になることがむずかしい場合もあるでしょう。**どれに取り組むことが道理にかなうかを判断できる能力は貴重です。**

たとえば、クローゼットの整理に2時間かかるとわかっていて、30分後に病院の予約があるとしましょう。この場合、今すぐクローゼットの整理に取り組むのはいい選択ではありません。

絞りこむ

適切で具体的なリストをつくると、あらゆる無駄を省くのに役立ちます。たとえば、「車庫を整理する」と書くのではなく、タスクの中の各ステップに注目しましょう。「整理する」ことの各ステップを書きだすと、やり遂げるのに役立ちます。リストの項目は具体的な作業にしてください。

例を挙げます。

- ☑ クリスマスのデコレーションでいらないものを処分する
- ☑ 道具類は1か所にまとめる
- ☑ 車を停めるべきところにあるガラクタを片づける

行動を具体的に表現する言葉を使うと、目標から外れることもありません。「食料品店へ行く」と書く代わりに、「レタス、トマト、アボカドを買う」と書きましょう。こうすると方向性がはっきりします。買い物の無駄をなくすことができ、これまでよりも早く店から出ることができるでしょう。

❷リストを強化する

小さな勝利

物事を小型化したほうがいい場合もあります。より簡単なタスクをいくつかリストに入れておくと、ぐっと気分が良くなるでしょう。その項目がすばやくやり遂げられるからです。

「最初にもっとも簡単なタスクに手をつけるべきではない」のですが、**時にはより簡**

単なタスクをやり遂げることで、やる気を引き出しましょう。前進し続けるために、やらなければならないことをやってください。

違うリストをつくる

人生のあらゆる分野で実現したいことを、すべてひとつのリストにまとめるのは大きな間違いです。**取り組みたい課題ごとに違うリストをつくってください。**そうすれば、うんざりしたり、いろいろなタスクを混同したりといったことがなくなります。

❸リストを他人に任せる

リストの項目をアウトソーシングする

仕事請負仲介サイトを運営しているタスクラビット（TaskRabbit）のＣＥＯ、リア・バスクがこんなことを話してくれました。**「やれることであっても、やらなければならないわけではない」**と。

元コントロール魔のわたしにはこの言葉が心に響きました。自分でタスクを引き受けるのではなく、他人に任せられるようになると人生が変わります（第７章参照）。

「ノー」と言う

想像してみてください。本当はやりたくない仕事を断ったとき、どんなことができるだろうか、と。「ノー」のひと言で、あなたの人生は取り戻せるのです。

一緒に休憩を取ってもいいと言うとか、友達が何週間も観たがっていた映画につき合うことなどは簡単。でも、**「イエス」を基本的な答えにしない**ことが大切です。

自分の時間は貴重なのだと思い出してください。だから、遠足の付き添いのボランティアを断っても、仕事でまた別のプロジェクトを引き受けなくても、かまわないのです。

「言うは易く行なうは難し」かもしれません。でも、いったん実行し始めれば、人生がもっと実りあるものになるでしょう。

わたしはかなり「ノー」と言っていますが、それは**練習してできるようになった**のです。たとえば、毎週水曜日は仕事が終わってからの時間を自分だけのものにしています。その時間に女友だちと食事したり、ネイルサロンに行ったり、ほかにも楽しいあれこれをします。人に頼み事をされて、自分に何か計画があった場合、「そうね、とくに何かをしているわけじゃないから」と考えて変更することはありませんか？

やり遂げるための「6つの方法」

❶リストを評価する

優先順位をつける　／　現実的になる　／　絞りこむ

❷リストを強化する

小さな勝利　／　違うリストをつくる

❸リストを他人に任せる

リストの項目をアウトソーシングする　／　「ノー」と言う

❹締め切りを設定する

❺自分へのご褒美を設定する

❻自分に思い出させる

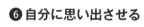

わたしはそんなふうに考えることをやめました。すると、前よりも幸せになれたのです。

今では自分がやりたいことを大事にしています。計画を変更しない理由は、それが自分の糧《かて》になるものだからです。心からやりたいことを実行すると幸せになれます。

でも、仕事の場合は「ノー」と言うのがとても大変なときがあります。「イエス」と言うしか選択の余地がない場合もあるでしょう。そうなったとき、わたしはToDoリストでほかにどんなやるべきことがあるかを見ます。そして何かで埋め合わせるのです。

たとえば、タスクのひとつを終わらせる手伝いをしてほしいと誰かに頼むか、仕事をほかのチームの社員にまわすなどします。

上手に「ノー」と言うための方法を挙げておきましょう。

①「わたしはこのプロジェクトに参加できない（または、このイベントに行けない）けれど、○○さんなら喜んで加わってくれますよ」（人は解決策を与えられると喜ぶものです。それに、代わりの人を見つけてあげたことで、あなたは自分

の義務を果たした気になれます）

②「どうか○週間後にまた連絡してください。そのときにはスケジュールが空いていると思いますし、喜んでお手伝いします」（自分の予定表を見てちゃんと空いているか、現実的に判断すること。そして十分な時間が取れるようにしてください）

③「いつもならすぐにお引き受けするところですが、かなり大変だと思われる新しいことに取り組もうとしています。残念ながら今は手いっぱいですので、辞退させていただきます」（正直で率直な態度をとると、相手がどれほど好意的な反応を示すかは驚くほどです）

❹締め切りを設定する

わたしはテレビ局のプロデューサーなので、このステップはわかりすぎるほどわかっています。これは本当に効果的です。**締め切りの設定は、まだ終わっていないタスクを減らすことに役立ちます。**

まさにこのとおりの理由で、わたしは毎年、クリスマス向けの買い物を8月に始めています。

この方法は、シンプルなＴｏＤｏリストを実行するときにも効果的です。わたしはリストの項目に、そのタスクに必要な時間を書いておくことがよくあります。たとえば、「クリーニング店まで歩いて15分なので、それは午後２時前にはすませよう」と自分に言い聞かせるのです。このようにしてスケジュールに用事をうまく組み入れ、必ず終わらせます。

知って
いましたか？

時間の管理はポモドーロ・テクニックで！

「ポモドーロ・テクニック」という時間管理法があります。１９８０年代にフランシスコ・シリロが考案し、トマト型のキッチンタイマーにちなんで名づけられました。

この方法は、作業をポモドーリ（イタリア語でトマトの意味）型のタイマーを使って25分間ずつに区切るというもの。タイマーが鳴って25分経ったことを告げたら、作業をやめて少し休憩します。25分間なら、まるまる1時間より管理しやすいからです。

「この作業に1時間かけよう」と思っていても途中で気が散るなら、本当に集中しているのはどれくらいか、考えてみてください。ポモドーロ・テクニックを使えば、短時間だけ集中すればいいので、うまくいく可能性が高まります。

これと似たテクニックをわたしは使っています。時計を見て、自分自身に約束するというものです。たとえば、今が午後12時36分で、母の誕生日プレゼントをどうしても見つけなければならないとしましょう。そこで自分に言い聞かせます。「午後1時まで、これに没頭しよう。そのあとはほかのことをしよう」と。

すると、決めた時間内はそのタスクだけに集中できます。いつ終わるかも、締め切りもわかっているから、いっそうそのタスクに打ちこめるのです。

❺自分へのご褒美を設定する

これはわたしの大好きなステップです。ＴｏＤｏリストに関しては、〝賄賂《わいろ》〟がおおいに効果的。楽しみに待てるものを用意すれば、ＴｏＤｏリストから項目を消すことがさらに魅力的になります。

わたしはしょっちゅう**自分に交換条件**を申し出ています。たとえば、「この原稿を書き終えたら、Facebookを10分間だけ見てもいいことにしよう」など。その結果、驚くほど熱心にＴｏＤｏリストの全項目を消そうとするでしょう。

❻自分に思い出させる

やるべきことをことごとく覚えておくわけにはいきません。不可能です。だから、気を楽にしてスマートフォンのカレンダーやアプリの**「リマインダー」（通知機能）**を使いましょう。ＴｏＤｏリストが目に入らず、そこに載った項目を消さないということはありがちです。でも、リマインダーをセットすれば、リストを見なければならないことを思い出すでしょう。

わたしは1日に何度も自分に思い出させるようにしています。やるべきことを思い出せるように、**自分宛てにリマインドメールを送るのです。**手書きのリストに加えてリマインダーを使えば、締め切りまでにすべてをやり遂げられます。

「付箋」を使って効果を上げる

「リストづくりを付箋でする」という人もいます。１日の限られた時間の中で達成できることには限界があるもの。だから成功するように自分で心がけることは理にかなっています。

プロのオーガナイザーであるトレーシー・マクビンは長いリストを持ち歩くことに加えて、付箋を利用しています。

「わたしには『マスターリスト』と呼んでいるリストがあり、これにはリーガルパッドを使っています。それに加えて付箋を使い、そちらにはこれから2日ぐらいでやることを書いています。そうすれば、ほかのものより早くやらなければならないことをひとつにまとめられるのです」と、トレーシーは説明しています。

30のことを成し遂げるよりも、３つのことを成し遂げるほうがはるかに簡単でしょう。トレーシーの方法は、仕事で生産性を上げることや、社交的な行事の計画、食料品店でお金を使いすぎないようにすることにも役立つでしょう。

付箋に書けるくらいにＴｏＤｏリストの項目を制限するのがいい理由を挙げてみましょう。

・付箋（75ミリ程度の大きさ）に書ける分量は限られているため、優先事項をすばやく決めざるを得なくなります。まず、もっとも重要なタスクをリストにすること。付箋のスペースが足りなくならないように！

・小さなリストの項目をすべてやり終えたら、今日やるべきことは終わり！　自由になった時間はリラックスするのに使いましょう。

・人生にはいろんなことが起こるからです。何かが起こったとき、「靴下の入った引き出しを整理すること」「ListProducer.com に登録すること」の項目しかリストに残っていなくてよかったと思うでしょう。

・付箋はくっつくからです！　やるべきタスクによりけりですが、わたしはリストをノートパソコンの隅やスマートフォンの裏、バスルームの鏡にまで貼ります。必ず見る場所にＴｏＤｏリストを置くというシンプルな行動のおかげで、生産性が上がる場合もあるのです。

・付箋に目いっぱい書きこまれていると、その日のタスクをさらに加えようとしなくなります。リストの項目を全部やり遂げるなんて無理だと思ったら、1日のうちにリストが2倍に増えてしまったせいだったこともあります。

「ノートに手書き」が最強

リストづくりにはノートが最適です——たいていの場合は。罫線が引いてあり、好きなだけ書きこめるスペースがあるのもうれしいです。

わたしはさまざまなプロジェクトや目的別に、大判のノートをいくつも持っています。たとえば、この本を執筆するためのノートが1冊。紫色のサブノートにはインタビュー中に尋ねるべき質問や各章のアウトライン、締め切りまでにやるべきことなどがいっぱい書かれています。職場では、リングタイプのノートを使っています。

整理整頓マニアのわたしは付箋も大好きです。でも、膨大な考えを書き記すには最適と言えません。紛失しがちなのも確かです。

わたしはデジタルでリストづくりができるツールの大ファンですが、リストを**手書**

きする良さもあります。

「簡単に持つことができる紙切れに書かれたものと、ログインするとかスマートフォンを作動させるとかしなければならないアプリとでは違いがあります……必要な情報を得るのにたくさんのステップが必要なものと、『ほらここにあるわ。手に取ってひっくり返せるし、触れられる。引き出しにしまっておけるのよ』というものとでは違うんです」と、トレーシー・マークス博士は指摘します。

年を追うごとにわたしの手書き文字は下手になっていきます。というのも、書くよりも、スマートフォンに入力する機会が多くなっているからです。でも、**仕事での毎日のToDoリストは必ずノートに鉛筆書きしています。物事を覚えておくうえでは、手で物を書くほうが、ただ入力する場合よりも脳の助けになります。**

この好例が「パスワード」でしょう。わたしはしじゅうパスワードを忘れています。なぜなら、パスワード入力のときはいつも無意識にやっていて、しっかり記憶していないからです。もし、手を使ってパスワードをすべて書き記さなければならないとしたら、もっとよく覚えているでしょう。

第3章

ToDoリストを使って ビジネスで成功する!

自分に適したリストの使い方を見つける

リストに関するブログをやってきて知った、今でも考え続けているテーマがあります。それは、**成功した人々が毎日のようにリストを使っている**ということです。あらゆる業界のＣＥＯやマネジャー、重役が利用しています。職業に関係なく、リストは仕事をもっとうまくやれるように助けてくれるものなのです。

実際に、リストを活用できるようになろうとか、さらにリストを活用する方法を学ぼうなどというとき、覚えておくべきいちばん大切なことがあります。それは**「自分にもっとも合うテクニックを見つけなければならない」**ということです。

ここで提案する解決策のすべてがあなたにぴったりとは限りません。あなたにとって最適になるよう、リストをつくり替えなければならないのです。

わたしは1日中、**ＴｏＤｏリストを自分の「指令センター」として使っています。**いろいろなタスクや記録、リマインダーなどがいっぱい載っているのが、そのＴｏＤｏリストです。でも、どれもしっかり分類されているおかげで混乱することはありません。

最近、わたしのブログを読んでくれるジョッシュからこんなメールをもらいました。

「リストづくりをとても楽しんでいるし、役に立っていると思います。でも、リストの段取りをどうするかということで、しょっちゅう途方に暮れています。リストの見栄えを良くしたいし、あちこちに項目を書きつけるのもいやだし。あなたはどうやってリストを用意していますか？」

いい質問です！　わたしは仕事では**毎晩デスクを離れる前に、リストを書くことにしています**。何時になっていても、約束に遅れそうでも、わたしはリストをつくります。いろいろ思いつきながら、このリストを昼からつくり始める場合もあります。

たいていは前の日に書いておきます。なぜなら、朝出勤したらすぐに、全力で仕事に取りかかりたいからです。リストがあれば、今日は何をすべきか示してくれる地図が目の前にあるというわけです。

おかげで朝いちばんのストレスはぐんと減りますし、最初に片づけるべきものに取り組めます。

仕事用リストづくり「７つのポイント」

わたしはリングタイプのノートを使って、仕事用リストをつくっていますが、**翌日に必要なことをすべて細かく書いています。ＴｏＤｏリストのページは１日ごとに新しくします。**どんな手順でやっているか、挙げてみましょう。

❶いちばん上に日付を書く

あとで情報を見直さなければならなくなったときに役立ちます。

❷翌日にやるべきことをひとつ残らず詳しく書く

毎日のようにやっている作業も含めて全部です。邪魔は必ず入るものです。だから、わかっていることでも書いておきましょう。それに、項目を消すという楽しみも増えます。

仕事用リストづくり「7つのポイント」

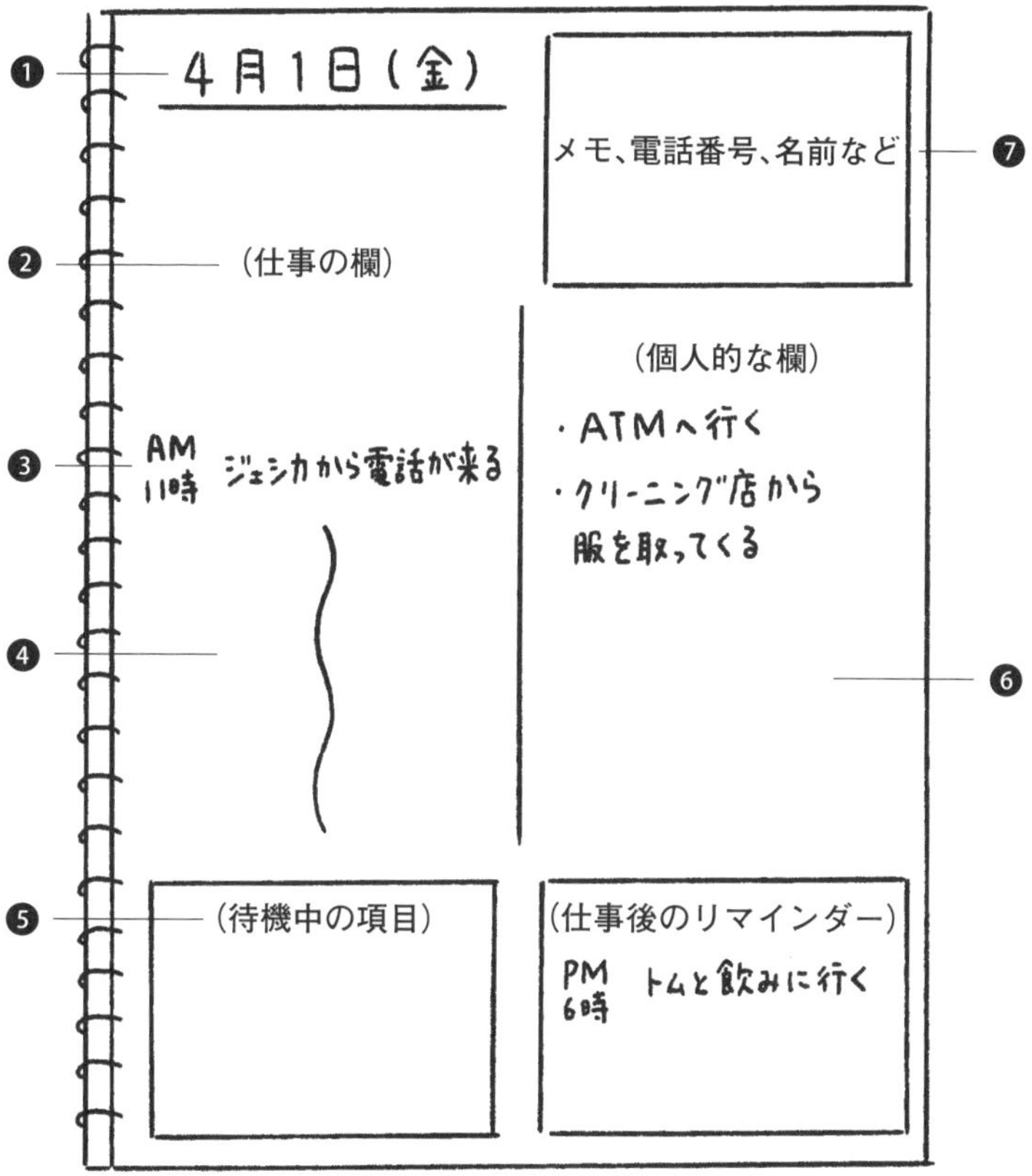

❶ いちばん上に日付を書く
❷ 翌日にやるべきことをひとつ残らず詳しく書く
❸ 締め切りによって優先順位をつける
❹ 必要に応じてタスクを加える
❺ リストのどこまで作業が進んだかを覚えておく
❻ 個人的な事柄は別の欄に書く
❼ メモを書くスペースを残しておく

❸締め切りによって優先順位をつける

わたしは起こるはずの出来事を順番にしたがってリストにするのが好きです。たとえば、ノートの左側に「午前11時」と、約束した電話がかかってくる時間を書いておくというように。これで、1日中仕事に集中できるようになります。

これでリストができたから、準備は万端のはず？　ところが、違うんです。今度はほかの問題が現われてきます。それに柔軟に対応し、必要なら、リストに項目をつけ足さなければなりません。わたしはこんなふうにしています。

❹必要に応じてタスクを加える

その日の仕事が終わって帰宅したあと、翌日のＴｏＤｏリストに載せるべきことを不意に思い出すこともあります。

わたしは**すぐにスマートフォンのカレンダーのリマインダーを設定します。**こうすればメールアドレス宛てに通知が送られ、翌日にそのタスクをリストに加えるということを思い出せるでしょう。

会議に出ていたり、メールが見られないとわかっていたりする時間を避けるように気をつけてください。通知が来たら、リストにタスクを足して次へ進みましょう。

さらに、1日を通じて、予期しなかった課題が次々と現われてくるものです。必要なら、リストにタスクを加えます。でも、ちょっと時間を取って、ＴｏＤｏリストのスケジュールにその項目をうまく合わせてください。合わなければ、翌日にまわせるかどうか、ほかの人にその仕事を頼めるかどうかを考えてみましょう。

❺リストのどこまで作業が進んだかを覚えておく

わたしは**ノートの左下の隅に「待機中の項目」として余白を取っておきます。**もし、作業の途中で邪魔が入ったら、何をしているところだったかをすばやくメモします。そうすれば、また取りかかれる時間になったとき、作業していたところへ間違いなく戻れます。このちょっとした手間のおかげで何度助かったかわかりません。

❻個人的な事柄は別の欄に書く

わたしの**ノートの真ん中には縦に１本、線が引いてあります。線の左側を仕事用の**

ＴｏＤｏリストとして使い、右側は個人的なことを書きこむのに使っています。

私生活と職場を完全に分けるのはかなりむずかしいでしょう。１日中、いろいろな用事や電話が入り、仕事中ですら意識しなければならないリマインダーもあります。だから、わたしはこの個人的な欄に「ＡＴＭへ行く」「クリーニング店から服を取ってくる」「トムと飲みに行く」といった項目を記入しています。

❼メモを書くスペースを残しておく

わたしはあらゆることをメモします。電話番号、テレビ番組、雑誌名、ゴシップなど。**リストを書くページのいちばん上の右隅を使って１日中、ちょっとしたメモを書いています。**

「付箋」はこんなときに使う

わたしは付箋も利用しますが、ＴｏＤｏリストには使いません。**チームで仕事をしていて指示を与える場合に使います。**

たとえば、あるプロジェクトを誰かに任せるとき、こんなメモを書きます。「これは月曜日に」「原稿を編集してください」など。他人に行動を起こしてもらいたいとき、その内容を付箋に書くのです。

でも、具体的で短いＴｏＤｏリストをつくる場合は付箋を利用することもあります。

「朝リスト」もおすすめ

仕事でのわたしのリストづくりの方法が誰にでも合うわけではありません。でも、試してみる価値はあるはずです。

リア・バスクはタスクラビットという会社のＣＥＯですが、彼女のリストづくりはわたしと違います。リアは**「朝リスト」**をつくるのです。

「オフィスに入って最初にやることは、腰を下ろし、その日に取り上げるべき課題のリストを新たにつくること。さらに、経営陣の会議に出る前はチェックリストをつくり、関連のある最新の話題にもれなくあたれるように手を打っています」

リアはそう説明しています。

秩序のある会議にはリストが必要

リアのゲスト投稿は良いテーマを提供してくれました。あなたはこれまで何度、無意味な会議に出てきたでしょうか。結局、目的など達成されなかった会議にずいぶん出てきたのでは？　わたしにもそういう経験があまりにもたくさんあって、本当に頭がおかしくなりそうでした。なぜなら、そんな状況は簡単に避けられるからです。

わたしは話をするときにはいつもリストを用意します。少しだけ時間を取り、会議で自分が何をしたいかを考えてみれば、その点に集中するのに役立ちます。

わたしが仕事のパートナーとして組んでみたいのはジョー・デュランです。ジョーは成長を続ける投資顧問会社、ユナイテッド・キャピタルの共同設立者です。彼の職場環境がとても優れている理由は、会議に出るときに必ずチェックリストを用意していること。チェックリストを持たないでジョーと知り合おうとしても、受け入れてもらえません。

「わが社の会議は普通の会議の半分しか時間がかからない。それでも、少なくとも2

倍は成果を上げている。つまり、４倍は生産性が上がるということだ」とジョーは話しています。

ここではっきりさせておきましょう。チェックリストは議題と違います。議題とはまったく別のツールなのです。チェックリストに載った項目はめったに変更されません。

ジョーの社員たちのチェックリストにはこんなことが載っています。先週の会議で取り上げられた項目の最新情報、顧客に対する戦略の見直し、予定されているイベントについての検討など。こういった項目は、その週に話す予定がない場合でも、毎週リストに載ります。

「チェックリストがなければ、一貫性を保つことはほぼ不可能だろう。チェックリストは社員が常に変わりなく業務を遂行できることを可能にしてくれる」

ジョーはそう説明しています。彼が最初にチェックリストのシステムを取り入れたのは２０１０年頃、『アナタはなぜチェックリストを使わないのか？　重大な局面で〝正しい決断〟をする方法』を読んだあとでした。この本に書かれたコンセプトに感銘したため、ジョーは全社員にこれを読ませました。最初は少しチェックリストに抵抗する動きがあったそうです。でも、今や社員たちはチェックリストを受け入れ、自分の部下たちとも実行しているとのことです。

「わが社の会議は簡単明瞭で無駄がない。前もってきちんと準備が整っている。チェックリストを用意することによって、社員は重役たちと同じようにもっと自己管理できるようになるんだ」とジョーは語っています。

チームのためのリストづくり「3つのアイデア」

ほかの人と働くということは、それ自体がタスクでしょう。そして、誰もが責任感を持ち、仕事に集中し、生産的になれるツールがいくつかあります。

会議を開いたりプロジェクトについて確認したりすることは、順調に物事を進めるための助けとなるでしょう。

できることはまだまだあります。いくつかアイデアを挙げましょう。

❶当事者意識を持たせる

誰がどのタスクに取り組むかを明確にすることはとても重要です。これはプロジェクトが始まったらすぐにやらなければなりません。こうすることで、**カギとなる人物**ができます。良いことも悪いことも、あるいは面倒なこともすべてその人の責任になるでしょう。

❷テクノロジーを賢く使う

チームがもっと効率よく動けるように助けてくれるアプリがあります。それらを試して、チームが順調に進むのに役立つか、見てみるといいでしょう。

エバーノート（Evernote）

「エバーノート」（200ページ参照）は1か所に記録やアイデアやリストを保存しておくのに優れたツールです。スマートフォンやパソコン、さまざまな端末で利用できます。クラウドベースなので、どこからでも情報を収集したり、アップデートしたりできます。

わたしはブログを書くのに研修生たちとエバーノートを利用しています。全員がアクセスできるフォルダーを共有しているのです。ブログ投稿に関するアイデアが浮かんだり、気に入った記事を発見したりしたときは、いつでもエバーノートに追加します。

さらにお互いにＴｏＤｏリストをつくり、どのタスクがまだ終了していないかを簡単に見られるようにしています。

毎週の決断を下す前には、検討すべき課題の一覧をエバーノートに載せます。全員がそれにアクセスし、必要があればいろいろな項目をつけ足すのです。この方法のおかげで、取り組むべきすべての課題に注意を集めることができます。会議の２週間前から課題の一覧を見直し、保留中の問題はないかを検討するのもいいでしょう。

エバーノートは**共同で何かを書く場合にうまく使えます**。わたしはブログに投稿するアイデアが浮かんだらエバーノートに載せますが、研修生たちに不十分な部分のリサーチをしてもらうのです。共有するときは、各自が違う色の文字で書きこむようにします。そうすれば、誰の履歴が変更され、誰が提案しているかという経過を追うことができます。

アサナ（Asana）

チームがプロジェクトを共同で管理できるようにしてくれる「アサナ」のようなサービスはいろいろあります。

アサナは管理プロジェクトの概要をまとめて一覧表示してくれます。メンバーにプロジェクトやタスクを割り当て、お互いのアイデアを簡単に共有できるようにします。あるタスクを終えた人がそれに関するリストにチェックを入れると、チーム全員にそのタスクの終了がわかるのです。

また、各タスクに締め切りが設定され、リマインダー機能も働きます。アサナは細かな点まで管理しなくても、人々に責任感を持たせてタスクの進行状況を調べさせるすばらしいツールです。

具体的なタスクに関して個別にメッセージを送れるという特徴もあります。メッセージは保存しておけるので、誰もが以前のものも見られます。おかげでいつも送るメールをすっかりやめられるし、あとで返事の確認をしなくてもすみます。さらに、ファイルを選んでアップロードし、「サブタスク」をつくることもできます。

チェックリストをつくる場合、サブタスクは重要です。たとえば、新しい顧客を獲得したり、新しい社員を雇ったりすると、いつも同じ新人研修をひと通り行なうことになります。最初の手順は常に同じです。チェックリストを用意して目を通し、それを新しい顧客や社員に提示しましょう。サブタスクを設定し、チームのさまざまなメンバーに割り当ててそれに取り組ませることもできます。

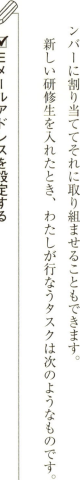

新しい研修生を入れたとき、わたしが行なうタスクは次のようなものです。

- ☑Eメールアドレスを設定する
- ☑さまざまなタスクや責任事項について念を押す
- ☑エバーノートのアカウントを設定する

こういったタスクをアサナにインポートし、その必要があればほかの人にも見てもらいましょう。あらゆるものが1か所にまとまり、見つけやすいし、どのタスクがいつ完了するかがわかります。

さらに、情報をひとつの場所にまとめて保存しておくことができます。ある顧客のパスワードやユーザーネームやFTP（ファイル転送プロトコル）アドレスを記録す

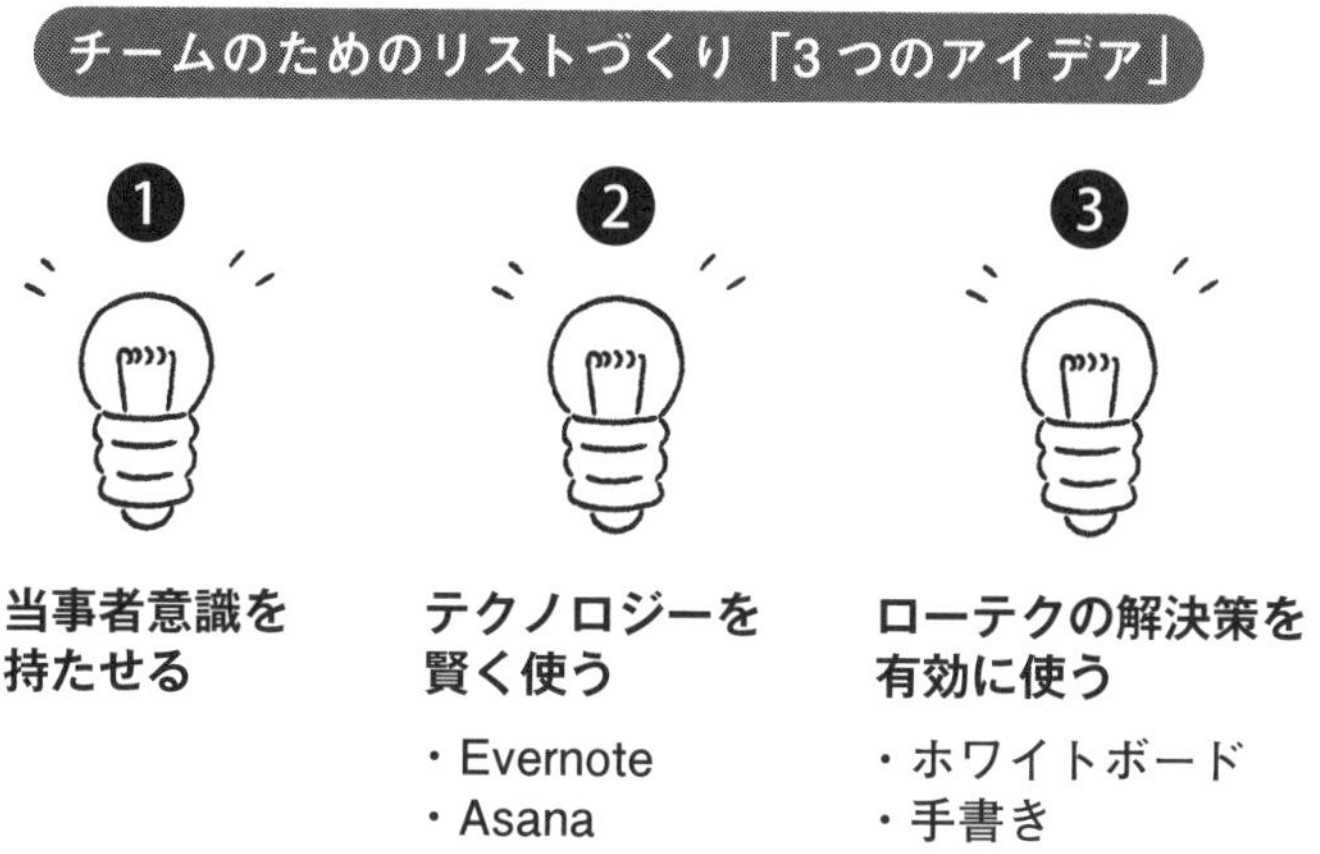
チームのためのリストづくり「3つのアイデア」
1
2
3
当事者意識を持たせる
テクノロジーを賢く使う
・Evernote
・Asana
ローテクの解決策を有効に使う
・ホワイトボード
・手書き

る必要があれば、そういった情報を保管するのにアサナは優れています。

❸ローテクの解決策を有効に使う

わたしが働いた最初のニュース編集室の時代から、ニュース記事の記録には**巨大なホワイトボード**が使われてきました。

割り当て担当の編集者は、どのネタにレポーターを派遣して話を伝えさせるかをリストにします。さらに、その編集者はどのカメラマンが撮影するのか、場所はどこか、締め切りはいつかということも書きます。情報がひと目でぱっとわかる簡単な方法です。

これはあなたやあなたのチームが日々の、

あるいは長期にわたるプロジェクトを行なう場合にも役立つかもしれません。

ＴｏＤｏリストを**手書きする**ことも効果的です。メイブン・パブリック・リレーションズのＣＥＯ兼マーケティング責任者のリンジー・カーネットは、社員ひとりひとりにＴｏＤｏリストをつくらせ始めたと語ってくれました。

「わたしがマスターリストをつくり、チームのメンバーに自分のリストをそのマスターリストにつけ加えさせるのです。それが社員たちに自分のチームをうまくまとめさせ、さまざまなタスクの優先順位をつけるのに役立っています。どんなものも見過ごされることがないようになっているのです」

別のリストをつくってプロジェクトを管理

いったんＴｏＤｏリストにタスクを載せたら、今度はそれを達成する番です。もうひとつ、別のリストをつくることをおすすめします。

たとえば、あなたのタスクが**「本を１冊書くこと」**だとします。それはまさに大プロジェクトで、いくつものステップに分けなければなりません。

タスクを達成するうえでやらなければならないあらゆることを想定してください。例を挙げましょう。

- ☑アイデアについてさまざまな角度から考える
- ☑アイデアについてどう思うか、いろいろな人に尋ねる
- ☑アイデアの微調整をする
- ☑本の企画書の書き方を学ぶ
- ☑本の企画書を書く
- ☑著作権代理人を探す
- ☑出版してくれる会社を獲得する
- ☑本の原稿を書く

最後のステップにたどりついても、つくらなければならないサブリストはまだいくつもあるかもしれません。執筆の途中では、実際に本を書くための時間をいつ、どのように確保するかについて細かく把握しなければならないでしょう。

やるべきことが何もかもシンプルだとは限りません。中にはもっと考えたり、注意を向けたりすることが必要なものもあります。でも、こういうことが本当に物事を成し遂げるためのカギなのでしょう。

わたしにこんなことを言う人がたくさんいます。「わたしはＴｏＤｏリストから項目を全然消せないの！」と。

ここに理由があるかもしれません。つまり、そんな人たちは**リストをちゃんと実行に移していない**ということです。

わたしが提案しているようにリストを有効に活用すれば、もっとうまくいくに違いありません。

知って
いましたか？

ヤフーのCEO、マリッサ・メイヤーのリストづくり

メイヤーはＴｏＤｏリストを使って物事の優先順位をつけているそうです。また、もっとも重要な事項からもっとも重要ではない事項までリストにするという、大学時代の友人から刺激を受けているとか。その友人はまだ終わっていない物事に押しつぶされるのではなく、決して終わらないリストを喜んでいたということです。

「もしもわたしが実際にやり遂げて〝リストのいちばん下の項目まで消して〟しまったら、本当にくたびれてしまうでしょう。なぜなら、ＴｏＤｏリストのいちばん下にある項目には、実のところ時間を割くべきではないからです」

さらにメイヤーは、重要ではないタスクにあまり時間をかけなかったという話もしています。

第4章

夢をかなえるためのリストいろいろ

リストはＴｏＤｏリストばかりじゃない！

リストのいちばん単純な目的は、やるべきことや、食料品店で買ってくるものを忘れないようにすることです。

けれども、もっと大切なのは**リストが指針として提供されることや、行動を起こすきっかけとなる場を与えてくれる**ことです。

わたしがＴｏＤｏリストをとても気に入っている理由は、そのおかげでやるべきことを忘れないですむからです。でも、つくるべきリストはＴｏＤｏリストだけではありません。

〈リスト①〉良い点・悪い点リスト

人生で下す決断の大半は、メリットとデメリットの両方を備えています。

・家を買うこと
・転職すること
・子どもを持つこと
・ハネムーンを計画すること

ここに挙げた人生の出来事はどれもよく検討しなければなりませんし、批判的に考えてみなければなりません。ぜひ**「良い点・悪い点リスト（プロコン・リスト）」**をつくってみてください。

自分の疑問にはっきりとイエス／ノーの答えを出せないとき、このリストはもっともよく使われます。**わたしは一度に2つの事柄までしか考えないようにしています。さらに混乱する結果になるからです。**

「良い点・悪い点リストをつくることで、あらゆる可能性の奥底までじっくりと考えられるでしょう――頭の中にあるだけなら、容易に見過ごされてしまいそうなものを」と、アトランタを中心に活動している精神科医で心理療法士のトレーシー・マークスは言います。

「たとえば、在宅勤務ができる仕事はすばらしい、と単純化することは簡単です。でも、自分で健康保険を掛けなければならないということや、ほかにもいろいろな点を忘れているのではありませんか」

良い点・悪い点リストを効果的につくる方法を挙げましょう。このリストによって、ストレスが減り、もっとすばやく答えに近づけるようになるはずです。

(1)紙に書く？　それともデジタル？

わたしは紙に書くことが好きですから、本当にむずかしい決断をする場合でも、腰を下ろして良い点・悪い点リストをつくります。

1枚の紙の真ん中に折り目をつけ、その両側にそれぞれメリットとデメリットを書くだけでもかまいません。デジタルのリストでも同様です。

(2)リストをつくり始める

ある問題のためにわたしが良い点・悪い点リストをはじめてつくるときはいつも、頭に浮かんだものを何でも書きだすことにしています。たとえば、職を得られそうな会社のオフィスの壁が緑色だったこと、緑は自分の好きな色であることといった、ごく些細に思われる事柄さえも。それを「メリット」の項目に書きこみます。**不要なものはあとで除外すればいいのです。メリットとデメリットを少ししか記入しなくてもいいですし、たくさん記入してもかまいません。**

リストづくりのこのプロセスに取り組むときはジャーナリストのように考えてみましょう。**「５つのＷ」**というものを教えられたことがありませんか？

①誰が？（ＷＨＯ）
②何を？（ＷＨＡＴ）
③どこで？（ＷＨＥＲＥ）
④いつ？（ＷＨＥＮ）
⑤なぜ？（ＷＨＹ）

リストをつくり始めるときはこうしたことを細かく考えてみてください。まずは客観的に事実をじっくりと見なければなりません。

このリストをつくる間はあまり意見を入れないようにしましょう。あらゆることを紙にただ書いてください。あとでそれぞれの項目に優先順位をつけ、どれを重視するか決めればいいのですから。

(3)リストを修正する

頭にあることをすべて書きだしたら、評価してみましょう。あなたが見に行ったアパートメントが2車線道路に面していることが気になりますか？　もし、気にかかるなら、その項目はリストのデメリットの欄に残しておいてください。

リストに書いた考えをもう一度よく見直し、どうでもよかったり、決断に影響を与えなかったりするものを除外します。もし、緑色に塗られたオフィスがあなたの思考プロセスを左右しないなら、それを消してください。

このプロセスを踏むことで、リストは役に立つものになります。似たような項目をまとめてしまえば、うんざりするほど長いリストに取り組まなくてすみます。

(4)リストをひと晩寝かせておく

リストの最終版ができたら、それを片づけて頭を休めてください。何かを長い間見つめていると、はっきりと物が考えられなくなりがちです。**リストにまた目を通すのは翌日にしましょう。**良い点・悪い点リストにふたたび向かい合ったとき、まったく別の視点から見られるに違いありません。

(5) 自分の考えを秤にかけてみる

メリットの欄に5項目載っていて、デメリットの欄に3項目しかなくても、メリットのほうが優勢だという意味ではありません。ひとつひとつの選択肢をじっくりと考えてみましょう。それに対処しなければならなくなったら、人生がどうなるだろうかと想像してみてください。

必要ならリサーチしてもいいし、質問してもかまいません。ただ、忘れないでください。ほかの人にはさほど意味がなくても、あなたにとっては大きな意味があるかもしれないということを。

現実的になりましょう。そして自分に正直になってください。

(6) 人に話す

何をしたらいいかを決めるのがむずかしかったら、友人や配偶者、同僚に話してみてください。2人で考えるほうが、ひとりで考えるよりもいいはずです。

話した相手が、あなたには考えもつかなかったプラス面やマイナス面を指摘してくれるかもしれません。

〈リスト②〉荷造りリスト

旅をするごとに**「荷造りリスト」**を事前につくるのは、大事な理由が2点あるからです。

- **リストがなければ、必要な物を必ず忘れてしまうから**
- **リストがあれば、お金を節約できるから**

この2つはとても魅力的な理由です。

喧騒《けんそう》を離れた熱帯の島へ行ったのに、水着を忘れてしまったら大ショック。もちろん、リゾート地にはギフトショップがあるでしょうし、バカみたいに高い値段にせよ、水着くらい買えるでしょう。でも、そんなことをしたいと思いますか？　お金と時間の無駄というものです。

お金と言えば、アメリカ交通統計局によると、２０１２年にアメリカの全航空会社が手荷物運賃で得た利益の合計は35億ドルだったそうです。そう、何百万ドルという単位ではなく、何十億という金額でした。手荷物ひとつ当たりにかかる25ドルの料金はあっという間に大金になります。

たとえば、あなたが年に一度、家族で休暇に出かけるとしましょう。３人家族と仮定します。すると、25ドル×３人ということで、合計75ドルの手荷物運賃。休暇をまだ何も楽しまないうちから75ドルかかっているのです。その75ドルがあれば、どんなことができるでしょう？　わたしなら、まずは美容院かネイルサロンへ行くか、新しい靴を買います。

このことが荷造りリストと何の関係があるのか、ですって？　実は、**どんな旅に出る場合もきちんと整理して準備しておけば、「万一の場合に備えて」という荷物が減**

り、本当に必要な物しか持っていかなくなります。その結果、荷物が少なくなり、お金も節約できるというわけです。

考え方としては簡単ですが、いざ実行するとなると容易ではありません。いくらかは前もって計画を立てておくとか、自分を律することが必要でしょう。でも、いったんやってみれば、きっと病みつきになるはずです。

わたしの作戦は、旅に出るごとに、まったく新しい荷造りリストをつくること。しょっちゅう使う品物を載せたリストのひな型をずっと用いる人もいますが、わたしは自分なりのリストをゼロからつくるほうが好きです。リストは、よりストレスの少ない旅をする助けになってくれます。

(1)旅行プランを書く

たとえば、金曜日から月曜日まで海辺へ出かけるとしましょう。わたしは宿泊予定日をすべて書きだし、行動の予定を全部書きます。そうすれば、どんな服を持っていったらいいかわかります。

金曜日：移動、食事、睡眠
土曜日：ビーチ、食事、睡眠
日曜日：ビーチ、遊覧船に乗る、食事、睡眠
月曜日：移動

服だけではなく、ほかに必要な物のことも考えてください。

たとえば、美術館めぐりをするつもりなら、カメラや歩きやすい靴も忘れずに持参したいはずです。

⑵分類する

さあ、１日ごとに何をするつもりかの計画はできました。今度は必要な品物ごとにグループ分けしてみましょう。

わたしは荷造りリストを項目ごとに分けます。

☑洗面用具
☑服と靴
☑装身具
☑電化製品と本
☑旅の必需品（さまざまな書類など）
☑直前に荷造りするもの

持っていく物を分類したリストがあれば、もっと多くの品物を考える場合にも楽になります。ただ単に「荷造り」と書かれたリストで荷物を用意すれば、たちまちうんざりしてしまうでしょう。でも、荷造りをいくつもの小さな項目に分けてしまえば、それほど大変だとは感じません。

(3) 日課を見直してみる

旅行に行くときは、何か忘れ物がないか、頭の中で朝の日課をざっと思い出してみます。たとえば、デンタルフロスや制汗剤といったものを忘れないために。こうすれば、歯ブラシを持たずに目的地に着くといった事態にならずにすむでしょう。

(4)天気を調べる

天気予報が当たるとは限りませんが、少なくともどんなものが必要かを判断する助けにはなってくれます。帽子や日焼け止めがいるかもしれませんし、傘が必要な場合もあるでしょう。天気を知らせてくれるテクノロジーを頼りにするのも良い方法です。

(5)服を選ぶ

手当たり次第に服をほうりこむのでなく、着ることを考えて選ぶほうが荷物は減ります。クローゼットから、靴やアクセサリーと一緒に着たい服の組み合わせを取り出してください。わたしはいつも機内持ちこみ用手荷物に軽くて大判のショールを入れておきます。機内ではブランケット代わりにもなります。

前にも登場したプロのオーガナイザーであるトレーシー・マクビンは、旅に出る前にわたしと同じことをするそうです。

「ここ2年間、ずいぶん旅行をしました。それで、『飛行機に乗る前に気疲れするなんて嫌だから、なんとかしなくちゃ』と思ったの。今は持っていく服のリストをつくっています……リストどおりに荷造りすればおしまい。あとは目的地に着くだけ。荷造りする服のリストをつくったことで、わたしの旅は大きく変わったわ」とトレーシーは言っています。

(6)直前に荷造りするもののリストをつくる

これには出発日の朝に使わなければならず、それまではかばんに詰められないものが全部入ります。そして、玄関に向かう前に終えるべき作業も含まれています。

わたしが子どものとき、休暇にはいつも決まった湖に家族で出かけたものでした。そのときは必ず、父は出発前にやっておくべきことをすべてリストにしていました。リストには、エアコンの電源を切る、郵便の配達を止めてもらう、植物に水をやるといったことが載っていました。リストをつくったおかげで、父は何も忘れないようにと覚えておく必要がなくなったのです。

リストがあれば、万事ＯＫ。やるべきことをすばやく簡単にやれました。それは良い教訓だったし、たぶんそのせいで、わたしはこれほどリストづくりにのめりこんでいるのでしょう。

⑺長い旅に出る場合

まったく心配いりません！　解決策はあります。機内持ちこみ用手荷物ひとつだけで、２週間のヨーロッパ旅行（ほかの地域でも大丈夫）だってできます。

わたしの大学の同期生でもあるニコール・フェルドマンはそれをやってのけました。彼女は荷造りの天才です。ニコールの基本的な荷造りのルールをいくつか挙げましょう。

①服は全部、くるくると丸めてしまう

②機内ではいちばん重量のある服を着る

③全方向に動かせる、縦の長さが55センチほどの軽量のスーツケースを買う：これは大きな投資です。このおかげで道中の時間やお金がかなり節約でき、悩みから解放されます。それに航空会社にもよりますが、これは座席上の棚に収容できる大きさのスーツケースです。

④ショルダーバッグとして、かわいくて軽量の、たっぷり入るバッグを使う：これは観光のときにも使えます。

⑤圧縮袋は必需品：簡単に物を圧縮してパックできる透明な袋です。こうした袋に服を入れたら、床に置いて端からくるくると丸めていき、空気がすっかり抜けたことを確かめましょう。袋から空気が抜けると、かさはかなり減ります。スーツケースの外ポケットに予備の圧縮袋を2枚ほど忍ばせておきましょう。この袋は道中に汚れた服を入れるのに役立ちます。

どれほど計画を立てても、旅はストレスが多いもの。役に立った助言や秘訣がいくつかあります。そこでニコールと協力して、**「旅に出るときの必携品リスト」**をつくりました。巻末に掲載しています（219ページ参照）。

〈リスト③〉引っ越しリスト

引っ越しする場合も、旅をするときと同じ注意が必要です。友人や家族、または引っ越し業者がどんなに手を貸してくれても、引っ越しは大きなストレスを伴うもの。そこで**「引っ越しリスト」**が力になってくれます。

(1) コンパクト化する

引っ越しは持ち物の価値を見直すのにぴったりのチャンスです。たとえば、一度も使ったことのない、その３組目のシーツ類は必要ですか？　処分するか、寄付したい物を全部リストにしましょう。

(2) 荷造りする

引っ越しするための荷造りはわりと簡単です。大部分の物は持っていくことになるのですから。でも、荷物を詰めた箱のひとつひとつにラベルを貼り、番号を振って、どこの部屋に置くかを書いておくと役に立ちます。そして、どの番号の箱に何が入っているかをすべてリストにしておきましょう。

新居に着いて疲れているときでも、最初の夜に必要な物がどこに入っているか、すぐにわかります。これは物を保管する場合にも使える、優れた方法です。

(3)取り換える

引っ越しの楽しい点のひとつは、捨ててきた物に代わる物を揃えたり、物がきれいになったりすることです。引っ越す前にこのリストをつくっておきましょう。そうすれば、新しい家に着く前に構想ができます。家具などは早めに計画を立てておくべきです。

(4)新しい行きつけの場所を探す

これも引っ越しについてくる特典でしょう。新しい土地へ行くのだから、新しいレストランや店、遊び場などが選べるというわけです。

引っ越したら見てみたいとか、調べてみたいといった場所をすべてリストに書きだしてください。「おすすめの場所はありますか?」と、新たな隣人に聞いてみるのは友だちづくりにもいい方法でしょう。

「はじめに」で述べたように、〝リスト・プロデューサー〟としてのわたしの出発点は**「アパートメントを探すときのチェックリスト」**からでした。巻末のリスト(218ページ）を参照してください。このリストは、みなさんにもぜひ活用していただきたいと思っています。

自分なりに直してかまいません。自分が住むかもしれない家に足を踏み入れる前にちゃんと準備しておくと、何よりも役に立ちます。

〈リスト④〉調べものリスト

「調べものリスト」をつくるのは、計画を立てるのに助けが必要などんなものも、細かい点を考えられるようにするためです。

- **新しい家の近所にある美容院**
- **家政婦を探す**
- **健康に良い食事のとり方**
- **家を見つける**
- **旅行**

・結婚式の計画
・お金をもっと儲ける方法

まずは、実現したい願いや与えられたテーマについて知りたいものを片っぱしから、リストに書きだしてみましょう。

旅行や、大きなイベントの計画を立てるとき、わたしはよくこのタイプのリストを使います。どんなものもリストにして分類すると、物事を秩序立てて考えるのに役立ちます。

〈リスト⑤〉カタログリスト

わたしはあらゆるもののリストをつくっています。

・読む本のリスト
・行ってみたいレストランのリスト

- **好みのマスカラのリスト**
- **買わなければならない服のリスト**
- **観られなかった分の遅れを取り戻すべき、シリーズもののテレビ番組のリスト**
- **人からもらいたい贈り物のリスト（本当に、こんなリストです）**
- **閲覧したいウェブサイトのリスト**

こういったリストを**「カタログリスト」**と呼ぶことにしましょう。これはタスクのリストではなく、物のリストです。

気に入りそうな本の話を誰かから聞いたとき、どうしていますか？　もし、あなたがわたしと同じなら、そのタイトルを覚えておきたいと思うでしょう。でも、話題が変わってしまうと、すぐに忘れてしまいます。

カタログリストは情報を記録しなければならないときに重宝します。どこにリストを保存しておくかは、あなたしだいです。でも、つくったリストがどこにあるかわからなければ、ひどい目に遭うでしょう。

わたしはカタログリストをしまっておくのに、**スマートフォンといくつかのアプリ**

を使用しています。

〈リスト⑥〉人生リスト（死ぬまでにやりたいことリスト）

これはお気に入りのリストのひとつです。もし、まだそれほどリストをつくる気になれないなら、**「人生リスト」**から始めてみてください。

「死ぬまでにやりたいことリスト（バケット・リスト）」は、あなたが「あの世へ《キック・ザ・》行く《バケット》」前にやりたいことをすべて箇条書きにするものです。

あなたを誰よりもよく知っているのはあなた自身です。だから、このリストを考えるのは楽しいでしょう。

あなたがやりたいのはフランス語を話せるようになることですか？　それとも、ブロードウェイでショーに出ること？　サンフランシスコでケーブルカーに乗ることでしょうか？　またはオーストラリアでコアラを抱くとか？

夢の大きさは問いません。どんな夢でもこのリストに書き続けましょう。

人生リストの価値は計り知れないほどです。そう、夢見ることはたしかにすばらしいでしょう。でも、いったん何かを書きだしてみると、物事をその目標の方向に動かしていくという意志が生まれたことになるのです。それを意識していても、いなくても。

〈リスト⑦〉感謝することリスト

わたしはたまに落ちこんでしまうことがあります。たいていはポジティブですが、気が滅入る場合だってあるのです。こんなとき、わたしにとっての治療法は**「感謝することリスト」**です。

感謝することリストには、あなたが満足しているものすべてを書いてください。感謝したいと思うものを何でも。

あなたが笑顔になれるどんなことでも書きだしましょう。**ばかげたものでも、まじめなものでもかまいません。**

ただ、書いてください。

☑マンゴーが旬になったこと
☑大好きなテレビ番組が今夜あること
☑つくったスフレがしぼまなかったこと
☑親友が近くに引っ越してきたこと
☑ピザを焼くときに火傷しなかったこと
☑職場で昇進したこと
☑とくに理由もなく、夫（妻）がすてきなプレゼントをくれたこと
☑ニュージーランドへ行くチャンスができたこと

このリストは人生で本当に大切なものを思い出させて、心の状態を変えてくれます。オプラが言ったことだと思いますが、人は日々の仕事にあまりにも忙殺されているせいで、ちょっと時間を取って、人生に本当に大切なものは何かを思い返してみようとしないのです。

わたしの母はどんな状況でもポジティブな面を見ようとします。たぶん、わたしは感謝することリストのヒントを母から得たのでしょう。

心理学者の中には、自分が恩恵を受けているものに毎日感謝するリストをつくればとても効果的だと言う人がいます。

「わたしは毎晩の日課として、感謝しているものをリストにします。それはわたしが個人的に感謝するもののリストです……何かに感謝することで幸せのレベルが上がることは、科学的な研究からも証明されているのです」

自己啓発書の著者であるアレクシス・スクランベルグはそう指摘しています。

人生で愛しているものすべてをとりとめもなく思い出していると、笑顔になれます。それだけでなく、このリストをつくっていると、長期にわたっていいことがいくつもあるのです。

「ありがたさがわからなかったものに気づいたり、見つけ出したりすれば、もっと感謝の気持ちが湧きます。本当にありがたいと思い、まぎれもなく自尊心や自信が高まるでしょう」とトレーシー・マークス博士は言っています。

誰だってもっと幸せになりたいですよね？　だったら、感謝することリストをつくってみませんか。

その年にやりたいことを「日記」に書く

リストをつくっているビジネスウーマンで、世界中を旅している作家のメラニー・ヤングと話をしました。**新年になると「日記」をつける**という、彼女の毎年恒例の儀式についてです。

その日記には、メラニーが**1年間に行ってみたい場所とやってみたいこと**がすべて書いてあります。

メラニーの誕生日は1月1日。ある年のニューイヤーズ・イブの日、メラニーは最悪のデートをしました。その後、彼女は二度とひどい誕生日を過ごすまいと決心したのです。それ以来、メラニーは誕生日に旅をすることにしています。

「どの日記も、まずはリストから始めます。最初のリストは、前の年に起きた出来事をまとめたものです。良かったときや悪かったときのことを記しています。それから、決意と、どんなことが起こってほしいかを書いたリストがあります。12項目から15項目の決意を書くのです。１９８８年からずっとそういうことをやってきました」

メラニーはそう語ってくれました。

メラニーはリストのおかげでいろんな場所へ旅をしました。バンコク、ホーチミン、マチュピチュ、リオ、ベリーズ、ホンジュラス、スペイン、フランス、ハワイ——彼女はこうした日記を棚にずらっと並べています。そして、いつかそういう日記が自伝になるかもしれないと信じているのです。

声に出して言うと夢がかなう？

わたしは『ザ・シークレット』（角川書店）に書かれた引き寄せの法則が大好きです。ごく簡単に言ってしまうと、その法則によって、わたしは混雑したニューヨークの地下鉄で毎日、席に座ることができるのです。ニューヨークへ来たことがある人なら、これがちょっとした奇跡だとわかるはず。

でも、この法則をわたしはもっと大きなことにも当てはめてきました。たとえば、「オプラ・ウィンフリー・ショー」に行ったこと！　チケットを買って観客席にいる自分を思い浮かべたことも役に立ったとわたしは信じています。そんなことはすべてナンセンスだと夫は思っていますが、わたしは彼が間違っていたことを証明してみせたのです。

『ザ・シークレット』の「秘密」とは何でしょう？　この本の背景となっている考え方は、ある想念を宇宙に送り出せば、その結果を受け取れるだろうというものです。心からそう信じているのなら。

わたしが幼い女の子で、『ザ・シークレット』がまだ世に現われる前から、母にこんなことをよく言われたものです。

「さあ、声に出して言ってごらん。思いがけないことが起きるかもしれないわよ」

新しい仕事がしたいと知人みんなに話していたら、そのうち誰かがすばらしい機会をくれるというようなものです。たしかに、偶然に起きたことかもしれません。でも、思っていることを口に出すのは役立つとわたしは考えています。

「ビジョンボード」で夢をリアルに思い描く

わたしは芸術家タイプではありませんが、毎年、年の始めに**「ビジョンボード」**をつくります。これはわたしにとって1年をかける創作プロジェクトで、とても楽しいものです。

雑誌はこの作業に重宝しています。自分に語りかけてくる写真や言葉の載ったページを破り取り、気に入った部分を厚紙に糊《のり》で貼ります。

ビジョンボードにはあなたが達成したいことや、行きたい場所、楽しみたいものを何でも載せましょう。目標を実現するための出発点としてこの方法を使えば、願いがかなう可能性は高まります。

わたしは自分に目標を思い出させるためにビジョンボードを用いています。ベッドルームが３部屋あるアパートメントを手に入れるとか、ヴェネツィアへ行くといった目標のために。さらに、尊敬している人たちの写真や、紅茶を飲むなど自分の楽しみに関連するものもボードに貼ります。この本の執筆という、さまざまな野心に関するものも。

紙の上だけでも、目標を思い描くことは絶対に必要です。こうした考え方はすべてここに戻っていきます。「あなたは自分が信じたものになる」という信条に（32ページ参照）。

ビジョンボードには**写真でも絵でも感動した言葉でも、好きなように貼ります**。手先が器用な人なら、布やほかの素材を使ってもいいです。とくに決まりはありません。写真なら、行ったことのある場所や行きたい土地、お気に入りの服、買いたい物や見本にしたいキッチンもいいでしょう。ほかにもあなたが笑顔になれるものを貼ってください。

選ぶ写真は創造性を発揮したものでもかまいません。わたしは祝い事を象徴するものでもある**シャンパンの写真を何枚か貼っています**。

また、わたしのビジョンボードには「ありがとうカード」を書いている人の写真も貼ってあります。お礼を言える理由がたくさんあるといいと思うからです。

ビジョンボードにはわざと空白の部分を残します。1年を通じて進歩の跡が見られるように。目を引かれたり、実現したいと思うものの写真を見つけたりするたび、ボードに加えていくのです。

ビジョンボードはクローゼットのドアの内側に吊るしてあります。こうすれば、着替えるたびに毎朝必ず目にすることになります。

わたしのように手づくりのボードでもいいし、パソコン上でデジタル化したものでももかまいません。**ビジョンボードを置くのにいい場所**をいくつか挙げましょう。

- **額に入れてデスクの上に置く**
- **コルクのボードにピンで留める**
- **デスクトップのパソコンの壁紙にする**
- **持ち歩く本に挟む**
- **スマートフォンのアプリで作成する**

友だちやお子さんと一緒にこの作業をするのも楽しいでしょう。子どもは1年中、やってみたいことや行ってみたいところなどでビジョンボードをつくれます。ビジョンボードがいかに大きな影響を子どもに与えるかと、驚くに違いありません。

年の暮れにはその年のビジョンボードを見て、この1年にどれほど多くのことができたかを振り返る習慣を身につけてもいいでしょう。そして新年に新しいボードをつくるのです。

といっても、必ず年の始めにビジョンボードをつくらなければならないわけではありません。いつでもかまわないのです！

でも、覚えておいてほしいことがあります。それはビジョンボードをつくっただけでは十分ではないということ。**目標に向かって積極的に取り組んでいかなければならないのです。**

第5章

リストを使えば、家庭もうまくいく！

週末をリストづくりに充てる

人生の中で家庭生活のバランスをどう取るかは、悩むところです。病院の予約、キッチンの改装、家計のやり繰り、クリーニング店から服を取ってくること、夕食をつくるための時間の確保など。これらでわたしたちの日々の生活は埋まっています。

でも、これから紹介するテクニックを使えば大丈夫。うまく切り抜けられるようになるでしょう。

まずは、1日をどのように組み立てたらいいかお話ししましょう。たいていの人にとって、家庭関係のタスクを片づけるのは週末が中心のはずです。平日は仕事がありますから。週末を十二分に使えるようにすることが大切です。

計画を立てなければ、たっぷり書かれているのに終わらないToDoリストを抱えたまま、週末が過ぎていくでしょう。

家庭でのＴｏＤｏリストの活用法

わたしが家庭でＴｏＤｏリストをどう活用しているかを紹介します。

仕事でのリストほど、家庭でのリストは厳密にしていません。ここでもまた、**中心となるノートを１冊使っています。**たいていは薄くてスリムな、罫線入りのノートがデスクの上に置いてあります。このノートに**翌日や翌週、翌月にやり遂げるべきすべてのことを記録します。**

それから、必要ならば、**１日ごとのＴｏＤｏリストをつくります。この作業をするのはたいてい休みの日です。**そうすれば、「マスターリスト」に載っている項目に可能な範囲で取り組めるからです。

マスターリストをじっくり調べて、その日は何をすべきか考えます。もしもクリーニングを頼んだ服が１週間以上も店に預けたままなら、引き取りの優先度が高くなります。締め切りを基準にしてこのリストを組み立てます。

最初にやらなければならないことはリストのトップに来ます。それほど重要でない

事柄はそのあとに書きます。簡単に終えられない項目は翌日のリストのトップにまわしましょう。

この作業でもっとも大切な点は**「現実的になること」**です。使える時間できちんと終えられるタスクは何でしょうか？　あるタスクに実際にかかる時間を判断すれば、同じことを何度もやらずにすみます。

「5分後にはそっちへ行くわ」と誰かが言うのを聞いたことがありませんか？　でも、実際に到着するのは20分後だったでしょう？　現実を見て時間を考えてください。そうすれば、もっと多くのことができるようになります。

リストにいつブレーキをかけるべきか、知っていることも大切です。たった1日で何もかもやるなんて無理ですから。

健康と業績の向上を専門とするコンサルタントのハイディ・ハナがこう語ってくれたことがあります。「今日中にすべてをやり遂げるなんて無理」と悟ってから、人生が変わった、と。

「わたしは朝のうちに『これで十分リスト』をつくります。そこに載っていることを昼までに終えたら、リラックスしたり、別の用事をすませたり、ほかにも好きなことができるわけです。だって、その日はもう十分にやるべきことをやってしまったのだから」とハナは言っています。

家族でリストを共有しよう

何かをやるために家族の手を借りなければならない場合は、一緒にリストづくりをしましょう。

ＴｏＤｏリストを半分に裂き、これに取り組んでほしいと相手に片方を渡すのと同じくらい簡単です。そのやり方でもかまいませんが、リストの共有をもうちょっと洗練されたものにすることもできます。

仕事のタスクに取り組むために管理ツールの**「アサナ」**を使うことについては前に述べました（87ページ参照）。アサナは家庭生活を管理するために使うこともできます。まずは、あなたの「チーム」の全員が同じ情報にアクセスできることを確かめてください。これでうまくいく準備が整ったのも同然です。ドラッグストアで何かを買ってくることについてや、小児科医で何かを尋ねる場合など、リストを共有することで、より多くのことをやり遂げられるようにアサナが助けてくれます。

買い物にはリストが手放せない

もし、あなたがわたしと似ているなら、食料品の**「買い物リスト」**にはいつも同じような項目が載っているでしょう。毎週わたしは牛乳、イングリッシュマフィン、イチゴ、ブルーベリー、ラズベリー、りんご、バナナ、カットされた肉、パンなどを買います。これらがリストに載らない週はありません。

だったらなぜ、毎回書きだすのでしょうか？　それは**「思い出すために覚えておかなくてもすむように」**です。計画を立てずに食料品店へ行けば、もっとお金も時間もかかることになります。

たとえば、おいしそうに見えたからとアボカドを買ってきたのに、キッチンカウンターに置いたまま腐らせてしまうなんてこと、経験がありませんか？　本当にもったいない！　リストがあれば店の通路を順調に進み、時間をもっと効率よく使えるでしょう。必要なものだけに集中できるので、店へ入って出てくるのもすばやくなるからです。

役に立つ食料品の買い物リストのつくり方を挙げてみましょう。

⑴数日にわたるリストをつくる

1週間を通じて、夫とわたしは使っている物を切らしたときや、必要な物を思い出したとき、買い物リストにどんどん書き足していきます。何かが必要だとわかったらすぐに書いておけば、忘れずにすむでしょう。

⑵リストはいつも同じ場所に置く

わたしは食料品の買い物リストをキッチンの引き出しに入れています。そうすれば、何か書き足したいときにリストのある場所がいつも把握できます。

とはいえ、この方法では、リストを持っていくのを忘れるとか、何かつけ加えたいときにリストが手元にないという可能性もあります。その問題については**デジタルを利用**して解決しています。

さらに、使う紙がお気に入りなら、もっとリストを使いたくなることもわかりました。もし、文具好きなら、気に入った紙を使うと、買い物リストをつくろうという意欲が増すかもしれません。

(3) 買い物に出かける前に献立の予定を立てる

食料品店へ行く前に、夫とわたしはその週にどんな料理をつくりたいかを話し合います。それから料理に必要なものだけを買い物リストにつけ足すのです。そうすれば、通路から通路へと歩き回らずにすみ、食べもしない物に無駄なお金を使うこともありません。

おまけに、仕事から帰ってきてこれ以上何も考えられないというときに、ストレスを減らすこともできます。1週間、何も悩まずに、献立の準備ができるというわけです。

献立を考えることはぞっとする作業ではありません。**もっと簡単に献立の予定をつくる方法**を挙げましょう。

・家族が喜ぶ食べ物や料理のリストをつくります。これは必要なときに頼りにできる、簡単なガイドブックになります。ちゃんと見つけられる場所にこのリストを保管しておくこと！

・時間をかけてレシピを集め、右のリストと同じ場所に保管しておきます。雑誌から切り抜いたり、ウェブ上のものをプリントアウトしたりした紙のレシピを保管してください。デジタル化されたレシピとともに、これも役立ちます。

⑷オンラインで食料品を買う

わたしは平日、お気に入りのサイトにアクセスします。このサイトを見て回って、必要な食料品をすべてリストにします。実際に店の通路を行ったり来たりするのに使う時間を省いて、もっと生産的な活動をする時間に使えます。

さらに、お気に入りの料理にいつも使う材料のリストもつくっています。毎回、その料理に使う材料を考えなくても、あらかじめつくってあるリストを一度クリックするだけ。そうすれば、必要な材料がすべて楽に買えます。

オンラインで同じようなサービスをやっているところは、探せばいくらでも見つかるでしょう。

財政状態をリストで管理する

わたしは数字が大嫌いで、数字にひどくおびえてしまいますが、どれほど重要かについては何日かけても話し足りません。お金の管理をきちんとできれば、賢い決断が下せるようになり、お金持ちになるのに役立ちます。

財政状態から目をそらして問題の解決ばかり願っていても、苦しい目に遭うだけです。カリスマ的存在のファイナンシャルプランナー、スーズ・オーマンは**「知識は力だ」**と言います。

第3章に出てきた、投資顧問会社のユナイテッド・キャピタルの共同設立者、ジョー・デュランを覚えていますか？　彼ならチェックリストなしで会議を開こうとしないですよね？

ジョーはニューヨーク・タイムズのベストセラーリストに載った本、『マネー・コード：今すぐ、あなたの財政状態を向上させよう（*The Money Code: Improve Your Entire Financial Life Right Now*）』（未邦訳）の著者でもあります。

ジョーのその本は、人々が確かな情報に基づいて財政面での選択ができるように手助けしてくれるものです。だから、わたしみたいに数字嫌いの人間でもとても簡単に読めるし、しかもチェックリストについても触れています。

その本によると、個人が財政面に関して何よりも覚えておくべき点は、**意思決定するときに感情を持ちこまないこと。**簡単そうに見えて実行するのはむずかしいですよね？　それを、チェックリストが助けてくれます。

「（あなたは）課題や疑問に取り組むため、穏やかで理性的で、ごく普通の方法を望むだろう。だが、それは差し迫った、しつこく悩まされる問題が起きるまでの話だ」とジョーは言っています。

ジョーと彼の妻は、**「土曜の朝の確認」**を夫婦で行なっています。妻は話し合うべき重要な事柄をすべてチェックリストに書きだしているのです。たとえば、２人が関わる社交上のつき合い、家計の予算、子どもたちの教育、ほかにも自分たちが関わっていることについて。夫婦でのこの話し合いがあるため、ジョーたちは週に一度、２人で家庭内のことを確認せざるを得ないわけです。

この話し合いのおかげで、平日に不要な喧嘩をしなくてもすむのだとか。何があろうと、毎週土曜にはいろいろな問題に取り組むことになると2人とも心得ているからです。

ストレスに関して言えば、お金は重要です。わたしたちがやってしまう最大の間違いは、財政面の問題を無視することです。

「お金の問題に取り組まないと大きな不安が生まれます。ですから、その問題に向き合わなければなりません。そして計画的にやることです」と、ビジネスや個人の財政問題に関するライター、エマ・ジョンソンは言います。

いくつかアイデアを挙げましょう。

(1)オンラインバンキングを使う

オンラインバンキングがまだなら、試すことをおすすめします。リアルタイムで預金をすべて記録するのに優れているのです。支払いも管理できます。

わたしは請求書をもらうとすぐに銀行のウェブページにアクセスし、支払い計画を立てます。そうすれば、支払いに間に合わないという心配をしなくてすみます。

エマ・ジョンソンは支払いの自動化をすすめています。あまり変動のない出費――

たとえば賃貸料や住宅ローン、公共料金、車のローン――から始めてみるといいでしょう。これによって支払期日を把握し続けなくてもよくなります。

(2)借金をリストで管理する

借金やローンがあるなら、支払いを把握し続けるためにリストをつくるべきです。これに関する情報を隠したところで、なくなるわけではありません。だからこそ、きちんと管理するべきです。

(3)領収書を1か所にまとめる

領収書を取っておくと出費を管理でき、納税の時期に楽になります。スマートフォン上でもパソコンのフォルダーの中でもいいので、領収書の情報を置いておくメインの場所をつくることがカギです。

エマ・ジョンソンは「伝統的スタイルの」領収書管理法を採っています。紙のフォルダーを使い、そこに個人的な出費の領収書もビジネスのものもすべてしまっておくのです。

出費を記録するのに、アプリやウェブサイトを利用する方法もあります。

(4)「承認リスト」で予算を立てる

腰を据えて、払わなければならない費用をすべてリストにしてみると、お金をどう動かしたらいいかがもっと簡単にわかるでしょう。費用を抑えたいと思っているなら、支払うものを何もかも目の前に並べると、楽に判断できます。もしかしたら、購読を契約している雑誌の中にいらないものがあるかもしれません。

予算を立てるときに「承認リスト」をつくることをエマ・ジョンソンはすすめています。**お金を払ってもいいものはどれか、自分で自分に許可を出す**ということです。必要だったり、心から欲しかったりするものもあるでしょう。**「現実的になる」**という点が肝心です。

「これから必要になるだろうものや、着るはずの服、使うはずの化粧品といったものの場合、バーゲンは魅力的でしょう。でも、結局使わないなら、掘り出し物ではないのです」とエマ・ジョンソンは言います。

(5) 納税のために必要なリストをつくる

納税は誰にとっても楽しくないものですが、1年を通じてきちんと自己管理していれば、それほどストレスのかかる作業ではありません。ですからわたしは毎年、税金の申請に必要な書類のリストをつくっています。

年間を通してこのリストに注意を払っていれば、納税日が近づいたとき、ぐんと楽になるでしょう。1年を通じてできるだけ早く資料を集め、書類の入ったフォルダーをそのまま会計士に渡します。早めに少しばかり余分な作業をしておけば、最後には大きな成果が現われるでしょう。

健康状態もリストで管理できる

リストはセラピーに使われるだけでなく、健康チェックにも使えます。

友人のケイトから、ブログにすばらしいコメントをもらいました。ケイトは教師をしており、3人の子どもの母です。彼女は**リストをつくったおかげで命が救われた**と言います。

ケイトは育児や仕事、私生活の用事で、絶えずあちこち飛び回っていました。でもToDoリストを見て、毎年の健康診断の予約を取ることを思い出したのでした。

「前癌《がん》症状があることがわかったの。医師の診療を受け、予防措置を講じれば、乳癌への進行を遅らせられるという話でした。診断の予約の電話を思い出させてくれた、1枚のシンプルなリストのおかげで命が救われるなんて驚きよね？　それでも、わたしはリストのおかげで助かったと信じているわ」

ケイトはそう書いてくれました。

メラニー・ヤングは癌からの生還者で、それについて著書もあります。メラニーは友人からもらった1冊のノートを携え、癌との闘いに乗り出しました。

「(わたしの友人は) このノートを手元に置いて、仕事用のリスト代わりにしなさいと言ってくれました。そして彼女は医師に尋ねるべき質問をいくつか教えてくれたのです。わたしは質問リストやそのほかに関するリストを最初の医師のところへ持参しました。それから乳癌の手術をしてくれる外科医を探す間、どの医師に会うときも持っていきました。そして、そのノートをもとにさらにリストをつくり続けました」とメラニーは述べています。

どの医師の診療でも、リストを用意していけば、尋ねたいことから離れずに求めていた情報を残らず手に入れて帰ることができます。わたしも「ああ、これを尋ねようと思っていたのに」と言いながら診察室をあとにするときがありました。でも、リストを活用する人なら、気にかかっていることを手早くメモし、それを携えて次の診察に臨めます。

検査や健康上の問題についても、同様の成果が得られます。

「このやり方がとても効果的だとわかりました。また、わたしが切り抜けてきたような、ぐちゃぐちゃの感情を経験しなければならない友人たちにも」

メラニーはこう言います。彼女のいくつものリストは「診療を受ける女性が取り組みたくなるもの」だったのです。

わたしは**1年の始まりに、その年に必要なすべての医師の診療の予約と、それを受けなければならない月のリストをつくります。**それから、言い訳ができないように、カレンダーにリマインダーをセットするのです。病気の予防をすれば、わたしの命が救われるかもしれません。あなたの命も救われるでしょう。

健康のため、食べ物の記録を取る

献立の予定を立てることの価値については前に書きましたが、そうすればもっと健康になれるという点には触れませんでした。自宅で食事すると、摂取カロリーが抑えられ、食べる量が減って、使うお金も少なくてすみます。どうやらリストをつくることは、かなり大きなメリットがありそうです。

栄養士は、健康的な食事のツールとして**「毎日の食べ物の記録」**を指示することが好きです。栄養士のパトリシア・バナンは著書の『時間がないときこそ、きちんと食事する（*Eat Right When Time Is Tight*）』（未邦訳）でこう書いています。

「何を食べたか、いつそれを食べたかをただ書きだすだけで、減量に効果が出ます。さらに、もっと健康的な食品を摂りたいという気持ちも生まれます」

大学時代、食べたいお菓子のリストをつくっていたルームメイトがいました。「バカじゃないの」とわたしは思っていたものです。でも、今になって考えてみると、彼女はなかなか賢明でした。

ちょっと時間を取って、自分が楽しめる健康的なお菓子を書きだしておくのは役に立つ計画です。そうすれば本当にお腹がすいたとき、悩む必要がありません。ポテトチップスやクッキーに手を出す代わりに、リストにある健康的で頼りになるお菓子から選べばいいのです。

ハイディ・ハナは栄養とエネルギーとパフォーマンスとの関係について、人々の相談に乗っています。ハナは、**間食のリストをつくりなさい**と顧客たちに言っています。「あまりにも選択肢がある場合……情報が過多になると脳は飽和状態になり、〝分析麻痺〟の状態になりかねません。そうなると、人は何もできなくなるのです」とハナは語っています。

リストをつくって「情報過多」を防ぐ

情報過多は、人生のさまざまな面にあてはまるでしょう。ハナは50分間働いたら、10分休憩を取ることをすすめています。でも、この10分間の休憩のときに何をしたらいいのでしょう？

やりたいと思うことをすべてリストにしておきましょう。そうすれば、休憩時間に余分なエネルギーを使う必要がありません。次のような項目がリストに載りそうです。

- ☑ Facebookをチェックする
- ☑ 散歩に行く
- ☑ YouTubeでかわいい動物の動画を観る
- ☑ ストレッチをする
- ☑ 両親に電話する
- ☑ 雑誌をざっと読む

このように前もって考えておけば、ストレスが減るでしょう。

第6章

人づき合いもイベントもリストにお任せ！

「人とのつき合い」もリストで対処する

リストづくりの活用法に、人とのつき合いについて計画するというものがあります。パーティであれ、イベントや旅であれ、または電話をかけることですら、わたしはリストを使って予定を整理し、すべての備えができるようにしているのです。

やるべきことを誰もがどっさり抱えていますから、友人と会うのが大変なときもあります。でも、人とのつき合いを続けることは心にも体にも、そして精神にとってもいいのです。メイヨー・クリニック（ミネソタ州に本部を置く総合病院。全米でもっとも優れた病院のひとつ）によれば、**友情は幸福感を高め、ストレスを減らし、苦難が訪れたときに対処できるよう助けてくれる**ものだそうです。

誰かに会ってすっかり興奮してしまい、別れたあとで「あのことを話し忘れてしまった」と思ったことはありませんか？　わたしにはあります。だから、今は友人と会うときにはリストをつくることにしています。

ある友人と会うことになったら、その人に話さなければならないことをメモし始めるのです。話す価値があると思うことは何でも、時には時間をかけて、ノートの独立したページに書いたり、アプリの中でその人用のリストに入力したりします。たとえば、新色のマニキュアを見つけたときに友人も気に入るだろうと思ったら、リストに加えます。リストにはくだらないことも、まじめなことも載ります。わたしにとって、そういったものを書きだしておくことが大切なのです。話したいと思うことを何もかも覚えておくなんて、無理ですから。

話すときにリストをつくる「3つの理由」

わたしのリストづくりの方法を取り入れて友人たちと楽しんだときがありました。みんなで集まるとき、会合の日にそれぞれが話したいことをあらかじめメールの連絡網で伝えていました。わたしたちはメールにおもしろい件名をつけて送り、夜中《よるじゅう》ほかの人のメールを大量に受け取りました。楽しかったし、実用的な方法でもありました。

最初に提案したとき、頭がどうかしているんじゃないかとみんなに思われたでしょう。でも、最後にはわたしと同じくらい、友人たちもこのリストづくりの価値をわかってくれました。

友人や家族と集まるときに**話すことのリストづくりを考えたほうがいい理由**を挙げましょう。次のような良い点があります。

❶目的から逸脱しないですむ

ワインが出るような席ではなおさらです（会話が別の方向にそれてしまい、大切な事柄を話さずに終わることはありがちです）。

❷あらゆることを忘れないですむ

集まる前に少しだけ時間を取るか、話しているときに言うべきことを載せたリストを見てください。

❸話を整理できる

リストによって、考えるべきことがひとつ減ります。あるテーマが取り上げられたら、話がすぐに弾むでしょう。

電話をかけるときに重宝する

デジタル化の時代に移るにつれて、電話のかけ方のテクニックは消えつつあります。あるリサーチによれば、２０１２年には８兆件の携帯メールが送られたとか。なんと「兆」単位です。電話をかけない人が増えています。なぜなら、電話をかけるよりも、数話の言葉を入力して相手に意図をわからせるほうがはるかに簡単だからです。でも、少し計画を立ててきちんと整理すれば、ふたたび電話をかける人が増えるでしょう。

わたしの友人が母親に電話したとき、話題が何もなくてきまり悪い思いをしたと話してくれたことがあります。たぶん、そんな経験は誰にでもあるでしょう。いざ話そうとすると、頭の中が真っ白になってしまうのです。そこでリストが役立ちます。

わたしは友人に、**電話をかける前に、思い浮かんだものの中で母親に話したい大切な内容を書きだしてみるようにすすめました。**そこで友人はリストをつくり始めました。そして次に母親と電話している間中、自分の生活のあらゆる出来事を詳しく伝えたのです。

両親との絆をまざまざと感じられ、わたしの友人は良い気分でした。それに母親は、「これまでで最高に楽しい電話だったわ」と言ってくれたのです。友人は母親に秘密を打ち明けました。つまり、リストをつくっていたことを。

カンニングペーパーみたいなリストをつくったとしても、恥ずかしいと思う必要はありません。母親と電話で話すときにこれまでよりもうまくいくなら、なおさらです。

この方法を試してみてください。

「話すことリスト」の実例

人とのつき合いで、何を言ったらいいかと考えてそわそわしたり、あれこれ考えたりといった経験をしたことがあるでしょう。こんなふうにバツの悪い思いをすると、気をもんだり、ストレスを感じたり、動揺したりします。

でも、人生での多くの事柄と同じように、**「身につくまでは真似をする」**ことが必要です。さあ、リストを活用して、やってみましょう。

ここにいくつかの言いまわしや質問を挙げました。この次に言葉が出てこなくなったとき、利用してみてください。

(1)ディナーパーティで……

ディナーパーティは耐え難いほど苦痛だと言う人もいます。世間話をしたり、知らない人と会ったり、ぎこちない沈黙の時間を経験したりなど。でも、ちゃんと心の準備をしてディナーパーティやカクテルパーティに出席すれば、もっと楽しい時間を過ごせるでしょう。

つらい時間が楽になるアイデアをいくつか挙げます。

・何通りもの答え方ができる質問をしましょう。ただイエスかノーの答えが返りそうな質問はしないように。

・相手をほめましょう。こうすることで会話が活気づきます。たとえば、あなたがほめたイヤリングを相手がどこで手に入れたか、というふうに話が弾みます。ほめることによって会話が始まり、興味深いやり取りができるかもしれません。

・最近の出来事を話題にしましょう。相手をよく知るまでは政治や宗教がらみの話題は避けます。でも、それ以外の話題なら、気さくな会話が始まるきっかけになるでしょう。

・食べ物のことを話題にしましょう。相手が気に入っているレストランや、その街で相手が行ったことのある店について尋ねてください。この話題に熱心な人は多いものです。

(2) 覚えておくといい質問

・「今日、いちばん良かった出来事はどんなことでしたか?」

・「最近、どんな映画を観ましたか?」

・「どんな本がお好きですか?」

・「ほかの土地に住めるとしたら、どこで暮らしたいですか?」

・「何か楽器を演奏するとか、外国語を話すとかなさいますか?」

・「子どもの頃はどんなお子さんでしたか?」

(3) 葬儀で……

誰かを失ったとき、人は気弱になり、感情が乱れてしまいます。亡くなった人とごく親しい間柄でなかった場合、葬儀でどんなことを言ったらいいか、かなり悩んでしまうでしょう。

いくつかおすすめを挙げておきます。

・故人に関する懐かしい思い出や逸話を話しましょう。
・簡単にこう言うだけにします。「ご家族のみなさまはさぞお力落としのことと思います。ご冥福をお祈りします」
・故人の業績について話しましょう。家族に関してでもキャリアや地域での活動についてでもかまいません。

完璧な旅を計画するために必要なこと

パリはわたしのお気に入りの街のひとつ。だから、パリで暮らしている友人たちを夫のジェイと訪ねる機会があったとき、そのチャンスを逃しませんでした。

ニコール（第4章で紹介した、荷造り名人です）とピーターはニューヨークの住人ですが、光の都と呼ばれるパリで3か月間暮らすことにしました。パリがとても好きだからです。

そして、夫とわたしがニコールたちのところに行くのはたった3日間。でも、充実した日々にしたいと思いました。

ジェイがパリを訪問するのははじめてだったので、いかにも旅行者らしいことと、ちょっと変わった楽しみの両方を、ぜひとも味わってみたかったのです。

わたしと同じようにニコールも計画を立てるのが好き。というわけで、さっそくわたしたちは旅の計画に取りかかりました。

数え切れないほどメールをやり取りしたあと、ＴｏＤｏリストを絞りこんで、すべてを**「エバーノート」**に記録しました。

そして、次の項目を1日ごとに割り振っていきました。

☑フォンデュを食べる
☑すばらしいワインを飲む
☑ルーブル美術館へ行く——おもな作品だけを鑑賞
☑リュクサンブール公園でピクニックをする
☑クロワッサンを食べる
☑セグウェイ（電動の立ち乗り2輪車）に乗る体験をする
☑セーヌ川でクルーズを楽しむ
☑クレープを食べる
☑パリ祭の花火を観賞
☑ラデュレ（パリの老舗パティスリー）でマカロンを食べる
☑戸外でのショパンのコンサートを楽しむ

リュクサンブール公園でピクニックするのと、ラデュレでマカロンを味わう体験を同じ日にはしませんでした。この2地点の距離は離れているからです。

計画を立てる際にはこういった事柄をすべて考慮しなければなりませんでした。

金曜日（旅の１日目）

AM8:30　パリに到着！（晴れの確率は50%ぐらい）

AM9:30　ホテルで仮眠をとる

PM1:30　みんなで落ち合って「ラデュレ」へ行き、
マカロンを食べたことがない
友人のためにマカロンを買う
徒歩でシャンゼリゼ通り75番地へ

PM2:00　ホテルのそばでたっぷりとしたおいしいランチを食べる
徒歩でピエール・シャロン通り64番地にある
「カフェ・ヴィクトリア」へ

PM4:30　シャンゼリゼ＝クレマンソー駅で地下鉄1号線に乗り、
セーヌ川のバトビュス（セーヌ川を巡行する船）の
乗り場へ行く
パリ市庁舎の停留所からバトビュスで出発し、
エッフェル塔の停留所で降りる
付近を散策。

PM6:15　セグウェイ・ツアーに参加
集合場所も解散場所も
エッフェル塔の近くのエドガール・フォール通り24番地

PM10:00　ぶらぶら歩いて、ライトアップされたエッフェル塔を
トロカデロ広場で眺める

PM10:30　「カフェ・ラ・マラコフ」で遅い食事をとる
場所はトロカデロ・11月11日広場

地下鉄かタクシーでホテルに帰って今夜はおしまい
ベッドに入る！

実際の旅の1日目はこんなものになりました（右ページ参照）。

「ねえ、ちょっと！　休暇でしょう？　どうしてそんなにたくさん予定を立てるの？」と言う人がいるかもしれませんね。もちろん、よくわかります。でも、ざっと計画を立てておくと、時間もお金も節約できるのです。あらかじめ計画を立ててリサーチしておくのが、旅行の方法としてはるかにいいことにわたしは気づきました。

もちろん、予定を変えなければならないときは柔軟に対応します。けれども、短いパリ滞在の間、わたしたちはリストに載せたすべてのことをやってのけたのでした。レストランのメニューや価格、美術館の開館時間などを調べたわけでしたが、このやり方によって、リラックスして旅ができました。大変なことは前もって全部すませておいたからです。

TVプロデューサーの「時間管理」の秘訣

話は変わりますが、テレビのニュースではタイミングがすべて。プロデューサー、キャスター、レポーター、ビデオ撮影者、編集者はとても厳密な締め切りに沿って働いています。時にはニュースをいくつもすばやく伝えなければならない場合もあるので、時間管理はこのビジネスで成功するためのカギのひとつです。

10年以上、テレビのニュース局で働いてきたため、わたしは日々の生活でも効率よく時間管理ができるようになりました。

⑴ 逆算とは？

わたしの時間管理のスキルのひとつは、**「逆算」**です。放送を時間内に終えられるよう、すべてのニュースを番組内に収めるために使われるテクニックです。

ラインプロデューサーが重要度に応じて、各ニュースに使う時間を見積もって割り振ります。推定した時間を全部足した結果、ニュース放送ができ上がります。1日のあらゆるニュース、スポーツ、天気、娯楽をその時間枠に当てはめなければなりません。

ニュース放送には動きのある事柄がたくさんあります。中継、スタジオにいるゲストたち、さまざまな情報源からのビデオ、数えきれないほどのレポーターやキャスター、サウンドバイト（ニュース番組などで引用される音声や発言）など。すべてをうまく連携させることは毎晩毎晩の挑戦です。毎晩ニュース放送を観てきた人なら、順調にいっていることがわかるでしょう。

(2) 逆算のメリット

逆算とは過去へ遡《さかのぼ》る方法です。もしも1時間の時間枠があるニュース放送なら、放送終了のところからスタートし、放送開始へと各報道内容の所要時間を書きこみながら逆向きに進んでいくということです。

ニュースが生放送されている間、具体的な時間の見極めが必要になります。順調にいかない場合、調整しなければなりません。たぶん、スポーツニュースからいくらか時間を削ったり、かわいいウサギについてのニュースをやめたりして。ニュース放送が時間どおりに進むよう、柔軟にならなければいけないのです。

幸いにも、今ではコンピューターのプログラムのおかげで、プロデューサーは残り時間の計測ができます。でも、わたしがニュース放送に関わり始めた頃はそんなテクノロジーはありませんでした。なので、手作業で残り時間を測らなければならなかったのです。わたしは数学が大嫌いですが、これが役に立つツールなのは確かです。

(3)逆算のステップ

こんな話が毎日の生活とどう関わるのでしょう？　そう、実はどんなタスクやイベントも逆算できるのです。

後述するように、わたしは自分の結婚式でそれをやってみました。今では日々の用事や旅の計画を立てる場合にも試しています。

こんなステップで行なうといいでしょう。

①あなたのタスクやイベントにどれほど時間を充てなければならないか、考えてください。

②イベントの最後から始めて、最初へと時間を逆向きに進んでいってください。

③それぞれの作業にかかる時間の合計を見積もります。

④決められた時間枠で全部のことをやり遂げられそうになければ、時間を調整してください。

⑤立てた計画どおりに進めましょう。

この方法は幼い子どもを連れて外出するときに重宝します。あれこれと雑用がついてまわるものですから。

前もって計画を立てるため、具体的に家を出る時間を決め、外出するのに必要なことを残らず思い浮かべましょう。

それから、それぞれの作業にどれくらい時間がかかるか、外出するはずの時間から遡って考えます。こうすれば、時間どおりに出かけられるでしょう。

逆算するという方法は**どんなタスクやイベントにも適用でき、ストレスを減らして時間を節約するのに役立ちます。**もっと効率よく物事をこなせるようになるからです。

結婚式を人生最高のパーティにする

わたしは計画を立てるのが好きなので、自分の結婚式のコーディネートをとても楽しみました。プエルトリコで挙式したため、ニューヨークから調べるのはかなりの離れ業でしたが、リストが救いになってくれたのです。

ほとんどすべてのリストをつくりました。

- **招待客リスト**
- **業者と会場のリサーチリスト**
- **結婚式の記念品のため、あらかじめ発送する品物のリスト**
- **荷造りリスト**
- **週末の結婚式の招待客向けの詳しい説明**

熱帯地方や興味深い土地で挙式することを喜んでくれる人はいるでしょうが、否定的な人もいることを覚悟しておきましょう。

どんな批判も乗り越えたら、招待客のリストづくりに取りかかってください。また、前もってさまざまな計画を立てましょう。

人生で最大のイベントの予定を立てるときには、計画的な行動がカギです。さもないと、ストレスを感じて、楽しいことを何もかも逃してしまうでしょう。

⑴行き先を選ぶ

海外での挙式（あるいは、どんな結婚式でも）のために場所を選ぶ際は、選んだ目的地がほとんどの招待客にとってアクセスしやすい場所であるよう気をつけてください。あなたの結婚式に出るため、お客様はたくさんのお金と時間を使おうとしています。だから、思いやりを持ってあげてください。

結婚式に参列する週末を利用して、招待客が楽しめそうなアクティビティやイベントがないか、少し調べておきましょう。何もかも計画を立てる必要はありませんが、お客様に選択肢を用意するのが親切というものです。

(2) 業者を選ぶ

遠く離れたところから手配する場合、これはもっとも困難でしょう。わたしの最高のアドバイスはこれ。**「いちかばちかやってみる」**です。でも、やるべきことはちゃんとやってください。

ウエディングプランナーを頼むことにしたなら（わたしたちはそうしました）、結婚式の費用の中で最高にいい出費となるでしょう。ウエディングプランナーは現地で暮らし、そこの業者たちと仕事しています。ウエディングプランナーを信用したのであれば、その人がすすめる業者は良いに違いありません。

また、自分が挙式しようと思う地で実際に式を挙げたほかのカップルを探し、おすすめの業者を聞いてみるのもいいでしょう。

(3) 業者と話す

電話であれ、直接顔を合わすのであれ、業者との話し合いには準備をして臨まなければなりません。質問事項を書いたリストを用意しましょう。そして、その業者の顧客だった花嫁たちと話をしたいと、頼んでください。彼女たちの経験は最良のイベントを計画する助けとなるからです。

(4) リラックスする

島で結婚式を挙げるなら、のんびりした雰囲気であることを心得ておきましょう。どの業者もあなたと同じような時間の観念を持っているわけではありません。これはわたしにとってなかなか理解し難いことでした。A型人間のニューヨーカーなのですから。

パニックになったときもありました。「15分前にEメールを送ったのに、まだ返信が来ないのよ」というふうに。島の時間は、島の時間で動いているのです。それと折り合うことを学べば、あなたはもっと幸せになれます。

(5) 荷造りリストをつくる

完璧な荷造りリストが準備できれば、頭痛も起きないでしょう。覚えておかなければならないことはいくらでもあります。だから、持っていくものは早めに書きだしておきましょう。

巻末の**「海外での挙式用荷造りリスト」**（220～221ページ）を参照してください。

どんなイベントでも、計画を立てることが必要です。ディナーパーティでも、慈善イベントでも、誕生日パーティでも、あるいは読書クラブのイベントでも。どの場合でも、リストがあれば、成功を収めることがもっと簡単になるでしょう。

ホスト役になると、イベントを楽しめないという人もいます。細かいことをあまりにも心配してしまうからです。でも、慎重に予定を立て、考え抜かれたリストを用意すれば、前もって作業の大半を終えたも同然です。参加者たちと同じようにイベントを楽しめます。

すばらしい贈り物をする方法

義母とわたしは大の贈り物好き。義母はとりわけプレゼント選びが上手です。どんな場合でも、ユニークで相手にぴったりの物を見つけます。「これだ」と思う贈り物をあげられると、すばらしい気分になるものです。

完璧な贈り物を見つけるために、あらかじめ考えておくことが大切です。すばらしいプレゼントをするための方法を挙げておきます。

⑴早く取りかかる

ギリギリまでプレゼントを買うのを先延ばしにしてしまったことが、ありませんか？　予算オーバーになったり、買うには都合がよかったけれど、贈る相手には最高と言えない品物で妥協したりしていませんか？

早めに準備すれば、こんなことは起こりません。**少なくとも2か月前には、友人の**

誕生日や特別な行事について考え始めてください。

わたしはクリスマス用のショッピングも早めに始めています。毎年、８月には取りかかるのです。そうすれば、贈り物リストに載ったひとりひとりについてちゃんと考えられます。それに、その間にあるさまざまなセールを利用して節約できます。

(2)ブレインストーミングする

わたしは月に一度、カレンダーに目を通して、これから数か月の間に何のイベントや誰の誕生日があるかをチェックし、日付が近いものから順番に並べます。そして贈り物をするそれぞれの相手について、ひとりでブレインストーミングを開始します。

相手が好むもの、必要としているもの、また、これまでにどういうことを話してきたのかといった点を考えるわけです。**「この人を心から笑顔にするものは何だろうか」**と。

いつでもつけ加えられるように、このリストは**「継続中」**にしておきましょう。クリスマスやさまざまな記念日といったイベントも、こんなふうに先手を打って考えれば、近づいたときのストレスが軽減されます。

(3) リサーチする

いったんリストができたなら、リサーチを始めましょう。わたしはいつもと違う店に行ったり、いろいろなウェブサイトを見たりして、友人や親戚が気に入りそうな品物をメモしておきます。雑誌や新聞で興味を引かれるものが見つかれば、書きとめておくことも。出かけるときもリストを持ち歩き、気がついたことがあったらつけ足していってください。

(4) 記録をつける

わたしはこれまでに贈った品物を記録しています。同じプレゼントを二度贈ってしまわないように。相手がとくに好きな物があれば別ですが、たいていの場合、毎年同じ物をもらってもうれしくはないでしょう。記録をつけておけば、同じ物を贈ることは避けられます。

(5) 予算内に収める

とても気に入った贈り物を見つけたとか、時間がないとかいった場合、つい予算をオーバーしてしまいがちです。でも、**余分なお金を使ったからといって、より良い物をあげることにはなりません。**贈り物は予算を決めること。結局はそのほうがあなたも満足できるでしょう。

たとえば、母が気に入るに違いない本を書店で見つけたとします。その題名を書いておき、ネットでもっと安く手に入らないか試してみるのです。時間に余裕があれば、あちこち見て回ってお金を節約できるでしょう。

人を幸せな気分にさせる方法

ここに挙げた行動のリストを使えば、タダで誰かを喜ばせることができます。

⑴にっこり笑う

シンプルな行動です。わたしは誰かと話すとき、にっこり笑うことからいつも始めてきました。無理やりつくった笑顔だと感じる場合もありますが、いつだって微笑むのです。

デリカテッセンで注文するときも、ドアマンがいる建物に入っていくときも、手助けしてくれる相手に笑いかけます。するとたちまち、相手の顔も輝くのです。

(2) チラシを受け取ってあげる

通りで割引クーポンやチラシを渡されるとかなりいらだつものです。わたしはこの状況を受け入れることにしました。今度、あなたの顔の前でチラシを振って見せる人がいたら、それを受け取ってあげてください。

人から拒絶されることは誰でも嫌なものです。チラシを配っている人は仕事をしているだけなのです。おおらかな気持ちになるだけで、その人の仕事をちょっと楽にしてあげられるでしょう。次の角を曲がったら、チラシを捨ててもかまいません。もしかしたら、求めていた情報がチラシに載っていたなんてこともあり得ます。

(3) 手紙を出す

この頃はカードや手紙を送らない人が増えてきました。ただの挨拶でかまいませんから、個人的な手書きの手紙を出してください。郵便で来たのが請求書ではなく、楽しい手紙だとわかれば、受け取った人は気分が良くなるでしょう。付箋にメッセージを書くのも悪くありません。

(4) 耳を傾ける

話をただ聞いてもらいたいだけ、という場合もあるのです。話を聞いてあげることで、とても親しい友人になれるのだとわたしは学びました。毎回のように解決策を提案しなくてもいいのです。黙って話に耳を傾けるだけのことが、もっとも効果的な打開策になるときもあります。

(5) 「ありがとう」と言う

店やレストラン、あるいは通りでもかまいません。誰かに親切にしてもらったら、「ありがとう」と言ってください。それも心から。認めるべき功績は認める、ということです。人は具体的に自分を認められると喜びます。

(6) 分かち合う

あなたのお気に入りの本を誰かに貸してあげましょう。大好きなクッキーのレシピを教えてもいいし、犬のキュートな写真をメールで送るのも、おもしろい話をするとかジョークを言うのもいいでしょう。

喜びを広めることはとても簡単にできます。好きなものから始めてください。好きなものを人と分かち合いましょう。

第7章

人生をアウトソーシングしよう!

時間は賢く使う

月曜の朝、同僚たちに週末はどうだったかを尋ねると、みんな似たような答えが返ってきます。「短すぎたわ！」と。

時間――それは誰もが足りないと不平を言い、もっとあればいいのにと願うものです。

けれども、もしかしたらそんなことを思うのは、時間を賢く使っていないせいかもしれません。

仕事ができる人でも、１日で何もかも終えるのは苦労するものです。でも、**有能な人の秘密は人に仕事を依頼できる能力にありました。**

もし、より得意なことに取り組めるように、やるべきことの一部を誰かに任せれば、あなたはもっと有能になれるでしょう。

「アウトソーシング」って何？

「アウトソーシング」とは、あなたの代わりにタスクをやってもらうため、ほかの人や業者に依頼することです。そうすれば、あなたは自由な時間ができ、本当に得意なことをやれるでしょう。

アウトソーシングすれば、**プレッシャーを減らす**こともできます。「世の中には忙しければ忙しいほど、そしてストレスが多ければ多いほど、重要な人間なのだという思いこみがまかりとおっているのです」と、ハイディ・ハナは指摘します。

かつてわたしはコントロール魔でした。職場でも家庭でも、何もかも自分でやらなければ気がすまなかったのです。でも、もっといい方法があることに気づいたとき、すぐさま考え方を改めました。

今では、この仕事は誰に任せたらうまくやってくれるだろうかという観点で頭を使っています。そうすることで、日々の仕事に打ちこめるのです。この本の執筆やブログの更新、夫と食事に行くことなどに。こういった活動はわたしにしかできず、もっと時間を費やしたいものでもあります。

自分でウェブを再コード化したり、食料品の買い物をしたりすることもできますが、時間の使い方としては最高のものと言えないでしょう。

これまで会った中でアウトソーシングをもっとも効果的に活用していた人はアリ・マイゼルです。アリはクローン病にかかっていると診断されたとき、医師の助けを得て、薬を飲まなくてもいいし、健康な生活を送れる方法を見つけ出しました。わたしはその経緯について取材したことがあります。アリはストレスの度合いを減らすため、**「より少なく行動するテクニック」**を完全に実行していました。

アリはLessDoing.comというサイトを立ち上げ、『より少なく行動し、より良く生きる：人生のすべてをもっと簡単にしよう（*Less Doing, More Living: Make Everything in Life Easier*）』（未邦訳）という本を執筆しました。人々が「人生におけるすべてを最適化し、自動化し、アウトソーシングして、あらゆることにもっと成果を上げる」のを助けるために。

アリの信念はこうです。**ほかの人が自分よりもうまくできることに手を出して時間を無駄にすべきではない――そうすれば、自分が得意としていて、心からやりたいと**

思っていることができるようになる、と。

「自分に欠けているけれども、ほかの人が持っている知識や技能。学んでも最高のものにはならず、おそらく専門家のレベルに達しないものはアウトソーシングするのがベストだ」とアリは言います。

旅行代理店を利用したことはあるでしょう？　そう、これは旅をするときに代理店を使うのと同じ考え方です。インターネットを使って最高の掘り出し物やおすすめ品はないかと探し回ってもかまいません。でも、もっと上手にできる人に頼んでもいいのです。

そうすれば、人に依頼したために浮いた時間を使って、新規の顧客を獲得することもできます。その顧客のおかげで、休暇に加えたいと思っているアトラクションの料金を払えるようになるかもしれません。

アウトソーシングの「5つのプラス面」

「自分は、ただの人間だ」ということを覚えておくのが大切です。たまには自分に休みをあげてください。いつでもひとりですべてをやり遂げられるとは限りません。だからこそ、時には助けを求めなければならないのです。

わたしはとうとう、研修生たちに手助けを頼みました。すると、人生が良い方向へ変わったのです。物事をコントロールすることを少しやめてみれば、驚くべき結果になります。

人の助けによって得られるおもなメリットを挙げましょう。

❶関心のあるものを追い続けられる

すばらしい考えが浮かんで、夜中に目を覚ますことはありませんか？　もしかしたら、そのアイデアを書きとめるかもしれません。でも、書いたはずの紙をなくしたり、日々の生活に忙殺されて、どんなひらめきだったか忘れてしまったりするのでは？

手助けを頼むとき、**あなたの「突拍子もないアイデア」をすべて理解する人**を選んでください。そして**あなたが忘れるものの管理に役立ってくれる人**を。「ほら！　あなたはこれをやりたいと言っていましたよね。どんなふうに進めていくつもりですか？」と、手助けしてくれる人から言ってもらえるだけでいいのです。それだけであなたは関心のあるものに集中し、順調に進んでいけるでしょう。

❷もっと時間ができる

もしかしたら、優れたアイデアがあるのに、それを実行する時間がないのかもしれません。人に依頼してリサーチしてもらったり、交渉役を務めてもらったりすれば、あなたはもっと多くのことができるでしょう。もし、自分の皿に料理が盛られすぎていたら、ほかの人にもフォークを持って食べてもらおう、ということです。

❸もっとお金を儲けられる

仕事を手伝ってもらって、自分のアイデアを追えば、あなたはもっと成功するかもしれません。もしかしたら、ついに新しいアイデアを発展させられるかもしれないのです。そのための手段はあるし、助けてくれる人もいるのですから。

❹ストレスをあまり感じなくなる

ＴｏＤｏリストの項目が多すぎると、手元のタスクにちゃんと集中できなくなり、仕事の質が落ちてしまいます。やるべきことの一部を人に任せましょう。そうすれば、ストレスが減り、もっと良い仕事ができるようになります。

ハイディ・ハナは著書『いつもストレスを抱えているのは、ストレスがないと不安になるからだ』（アルファポリス）でこう指摘しています。

「一度に複数の仕事をこなそうとすると成果が上がらなくなり、結局は時間を無駄にしてしまい、エネルギーが奪われてネガティブなことばかりになります。人は一度にあれこれやりたがるものです。もっと少ない時間で、もっと多くのことをしなければならないと感じているせいで」

❺仲間意識を楽しめる

あなたのことを思ってくれて、目標を分かち合える誰かに頼れることはすばらしいものです。手を貸してくれる人を雇えば、バランスが取れた状態でいられるでしょう。研修生やアシスタントを信頼し、タスクを継続してスケジュールどおりに進めてもらう間、あなたはほかのことに頭を使えるのです。アイデアについて意見を尋ねられる相手を持ってもいいし、多忙なときに一緒に昼休みを取れる相手がいるのもいいでしょう。

もし、手助けしてもらうために人を雇うことにまだためらいがあるなら、以下の質問を自分にしてみてください。

- **「もし、雑用を誰かが引き受けてくれたら、どんな大きな計画に取りかかれるだろうか？」**
- **「いつもあとまわしにしていた、ずっとやろうと思っていたことはないか？」**

アウトソーシングすべきものは？

生活の中でアウトソーシングしてもかまわないものがこれほどあるのかと、きっと驚くでしょう。可能なものはたくさんあります。わたしはさまざまなタスクを人に依頼しています。

食料品の買い物、掃除、リサーチ、ブログの投稿フォーマットの設定、ソーシャルメディアの管理など。

アリ・マイゼルが語ってくれたのですが、彼はほぼすべてのことをアウトソーシングしているそうです。

- **ポッドキャスト**
- **編集**
- **コピー**
- **ブログの執筆**
- **ソーシャルメディアのメンテナンス**
- **リサーチ**
- **必需品の注文**
- **予約を取ることやスケジュール管理**
- **旅行の計画**
- **フランス市民権の獲得**

「わたしがアウトソーシングしているのは、誰もがこんなふうに言うものだ。『なんだ、そんなの1分でできることだよ。わたしなら自分でやるね』と。だが、1分でできるものなんてありはしない。それにここに挙げたタスクは、もっとうまくやれば、結局はとても特別になるものなんだ」とアリは言っています。

知って
いましたか？

どんな仕事でも報酬を払えばやってもらえる

『ニューヨーク・ポスト』紙にこんな記事がありました。「怠け者が絶えない街、ニューヨーク」

リード・タッカーは、アウトソーシングするためのいくつかのものについて詳しく述べています。お金を出せば、ほとんどの仕事は人に依頼できるそうです。人を雇って自分の車を運転させることさえできます。

ブルックリン出身のある男性は1時間当たり20ドルで、どこへでも相手の望むところへ運転していってくれるとか。あなたはただ車を提供すればいいのです。

その他、アウトソーシングするといいもの

・犬の散歩と子犬の糞の掃除
・誕生日パーティのための室内装飾
・家の掃除（タイル磨きをほかの人にやってもらう間、あなたは秋用のセーターを色別に整理していられます）
・ＩＫＥＡの家具の組み立て（組み立て方法はほかの人に考えてもらいましょう）
・家具の並べ替え（大きな家具を移動させなければならない、ですって？　動かしてくれる人を雇いましょう）
・写真を壁に掛ける
・どうしても贈らなければならないプレゼントの買い物
・イタリア旅行をするのにもっともコスト効率のいい方法のリサーチ

具体的なアウトソーシングの方法

納得してくれましたか？　あなたが良い助けを得られるよう、わたしに手伝わせてください。**人を雇うときにまずやるべきなのは、誰があなたを「理解して」くれるのか見つけ出すことです。**

もし、仕事上のタスクを手伝ってくれる「バーチャル秘書」（委託スタッフとしてインターネットを通じて、必要なときに必要なだけ仕事をサポートしてくれるアシスタント）を使うつもりなら、その相手とあなたがうまくやっていけることが大切です。ビジネスの重要な面を誰かに任せるとき、相手が信頼できると確信したいはずです。さほど重要ではないタスクを依頼する場合でも、評判のいい人が手伝ってくれれば、大丈夫でしょう。

アウトソーシングはいくらかかるの？

さて、お待ちかねの部分です。アウトソーシングすると、どれくらいの費用がかかるのか？

まずは、あなたにとって助けを頼むことはどれくらいの価値がありますか？　わたしの考えでは、**少しの手助けで毎月のプロジェクトをもうひとつ余分にこなせるなら、アウトソーシングにお金をかける価値があります。**

アリ・マイゼルが話してくれたところによると、相当な量のタスクをアウトソーシングしたおかげで、この2年間に3000時間を無駄にせずにすみ、金額にすれば50万ドルを節約できたということでした。驚くほどの金額です。

さて現実的になってみましょう。この結果は個人的なものです。自分の時間をどれくらい価値のあるものと見なすか、自分のスキルはどんなものか、どれほどお金を持っているかによるからです。

でも正直言って、あれこれの雑用をこなすよりも、子どもたちと遊んだりビーチで寝転がったりするほうに3000時間使うほうがいいと思いませんか？　50万ドルだって、ものすごく役に立ちますよね！

もうひとつ、アイデアがあります。**お互いに仕事を交換してみる**のはどうでしょう？　あなたの役に立ってくれる人と、お互いにサービスの提供を取り換えてみるのです。たとえば、わたしがウェブデザイナーの個人的なサイトに原稿を書いて、お返しにウェブデザイナーはわたしのサイトの新しいロゴをデザインしてくれる、というふうに。

うまくいきそうでしょう？　自分の得意なことを活かして、必要なものを手に入れられるのです。交換にはお金のやり取りが生じません。この方法を採ると、お金を払う場合よりも時間がかかります。ですから、自分にいちばんいいやり方を選んでください。

人に仕事を依頼する「5つのコツ」

理論的には、自分の雑用を他人に任せることには何とも言えない解放感があるものです。

でも、誰もがそう簡単に仕事を人に依頼できるわけではありません。**ちょっとした訓練**が必要です。いくつかコツを挙げましょう。

❶計画的に進める

人に依頼する業務をひとつ残らずリストに書き出してください。詳しく、こと細かに書きましょう。このリストには人とのアポイントメントのスケジュールづくり、夕食のメニューを考えること、もうすぐやってくるパーティに必要な物の購入、たくさんたまったメールの受信箱の管理、ブログのロゴデザインの変更といった、さまざまなタスクが含まれます。

❷現実的になる

自分をいちばんよく知っているのは自分です。だから、本当に5分で片づけられる仕事は何か、アウトソーシングすべきものは何かについて、正直に判断してください。

❸謙虚になる

スーパーヒーローになる必要はありません。すべて自分でやる、なんて考え方はもう時代遅れです。賢くなって自分が得意なものを見極め、それに専念してください。

❹明確にする

アリ・マイゼルはバーチャル秘書にやってもらうタスクの全プロセスを書いたチェックリストをつくっています。今のところ、アリにはあらゆるタスクについて53件のリストがあるのです。それには請求書の支払いのリストもあります。手伝いを頼んだ人にタスクをしっかり理解させるため、より多くの仕事を明確にすればするほど、業務の移行はよりスムーズに運ぶでしょう。

❺感謝する

さあ、心からやりたいことをやる時間が取れたら、にっこりしてください！　見事にアウトソーシングできたのです。自分でやろうと思えばできたけれど、やる必要はなかったさまざまなタスクを。

これで家族ともっと一緒に過ごせるし、休暇を過ごしに出かけてもかまいません。
雑誌を読むのもよし、昼寝だってありです。
楽しんでください！

第8章

今すぐ、デジタルで行こう！

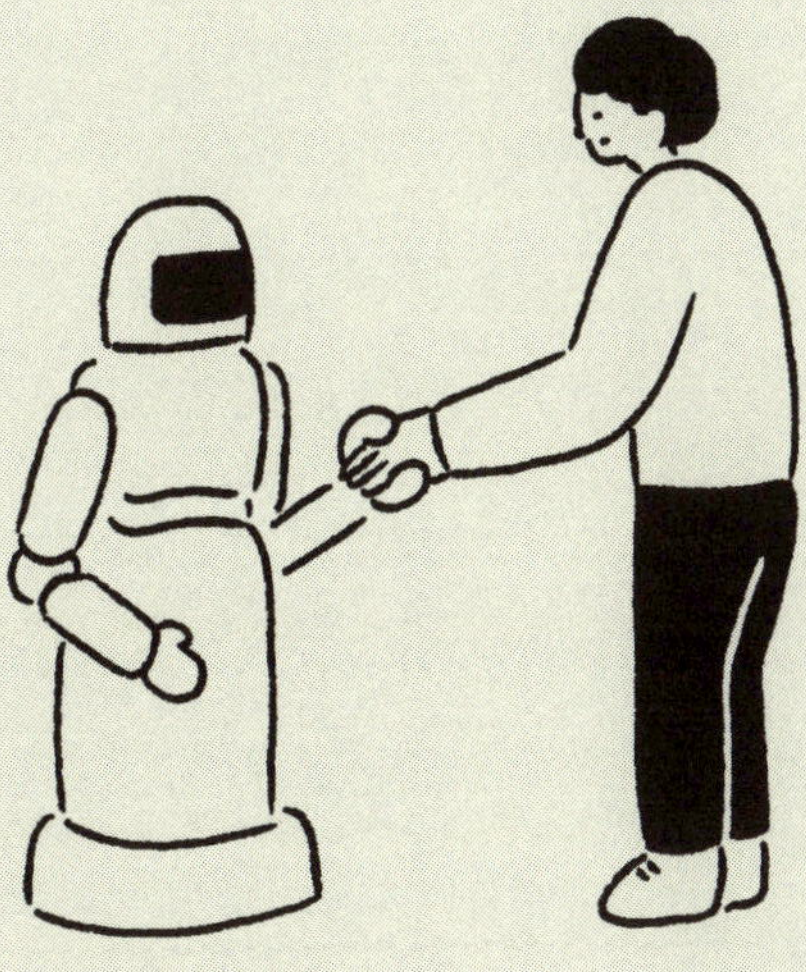

試してみて損はなし！

ここでちょっと告白しなければなりません。わたしがデジタルの世界に入ったのは人よりも遅かったし、スマートフォンのアプリなんてバカみたいと思っていたことを。折り畳み式の小さな携帯電話を長く使っていて、絶対にアプリが必要だとは思ってもいませんでした。

それに、スマートフォンを使う理由がどうしてもわからなかったのです。携帯電話があれば必要なことは何でも間に合うと思っていました。ちゃんとベルが鳴って、話したい相手とわたしをつなげてくれるのだから。リストづくりが必要なときは、紙と鉛筆があれば十分でした。まったくおめでたい話です。

でも、夫からさんざんせがまれ、とうとうｉＰｈｏｎｅを使うことにしました。すると、すっかり考え違いをしていたことがわかりました。これを持たずによくも暮らしていたものだと今では思います。人生のすべてを記録でき、以前よりも少ない時間でもっと多くのことができるなんて、驚くほかありません。

そんなわけで、あなたがわたしみたいにスマートフォン嫌いなら、試しに使ってみてください。実際に使うのです。あらゆることをデジタル化するすばらしさがきっとわかるに違いありません。

デジタル化のメリットとデメリット

わたしは相変わらず手書きのリストをつくっています。でも、**もっと能率を上げるためには、デジタル化されたリストとアプリも用いることが絶対に必要です。**

そんなふうに考えたのはわたしだけではありません。デジタルペンの「スマートペン」を製造しているライブスクライブ社についてのフォレスター・リサーチ社の調査によると、専門職の人々は仕事上の必要からノートパソコンやタブレット端末を使っているけれども、そのうちの87％は手書きのメモを併用しているそうです。

もちろん、リストづくりを最新のテクノロジーに移行するうえではメリットもデメリットもあります。

いくつか挙げてみましょう。

〈メリット①〉同期できる

あなたが使うはずのアプリのほとんどは複数の端末に同期しているので、いつでもどこでも自分のリストにアクセスできます。つまり、デスクトップのパソコンでリストをつくったら、職場を離れて食料品店へ向かうときに同じリストをスマートフォンでも見られるということです。

〈メリット②〉なくす心配がない

紙に書いてリストをつくるうえでもっとも多い不満は、それをなくしてしまうこと。でももう、そんな心配はいりません！　テクノロジーを使えば、あなたのリストは長期にわたって保存されるのです。

〈メリット③〉何度も見直せる

死ぬまでにやりたいことを書いたバケット・リストでも荷造りリストでも、どのノートにそれを書いたかわからなくなることはありがちです。でも、デジタルでリストをつくれば、もっと簡単に見つけられるようになり、何度も見直せるうえに、ちゃん

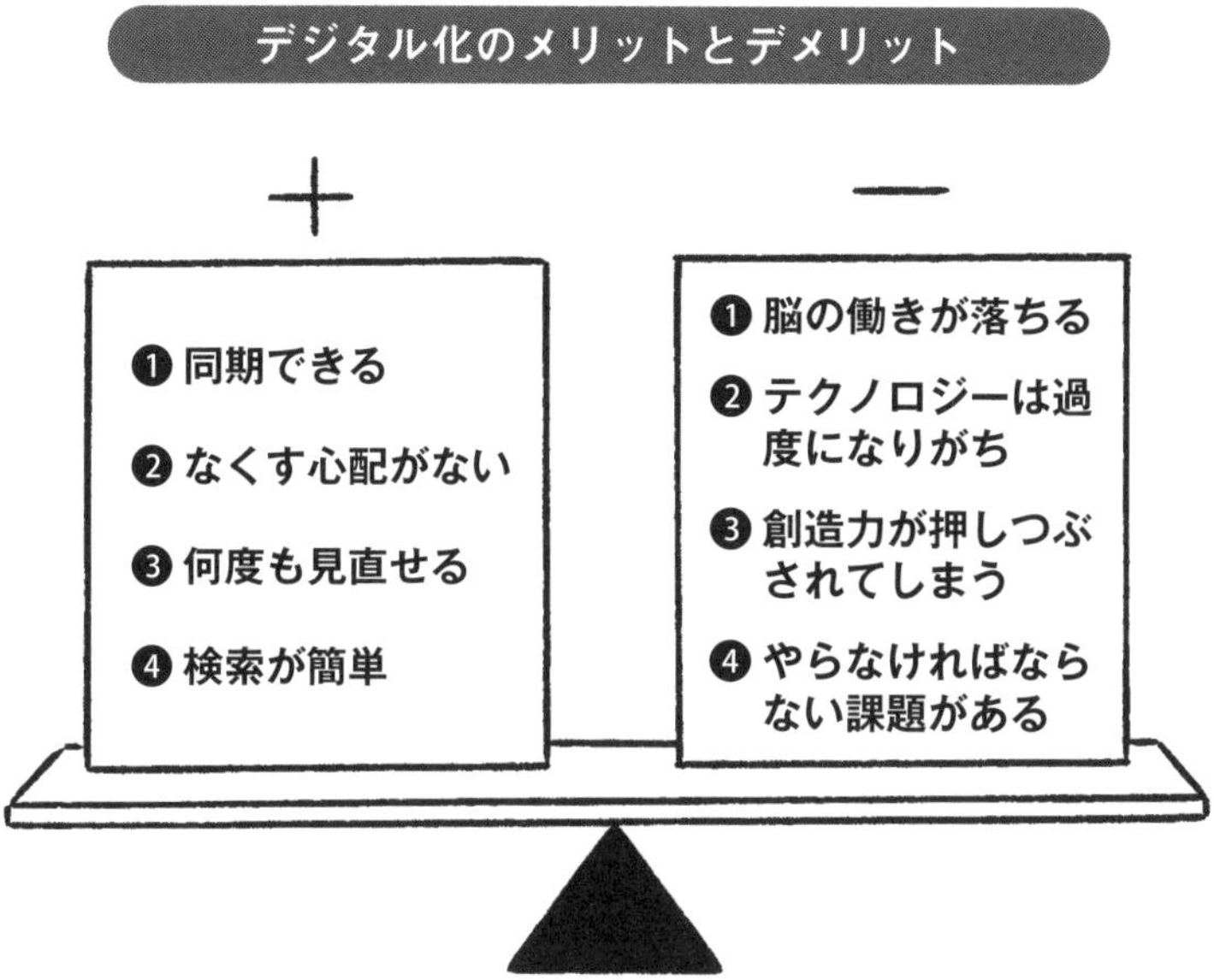
デジタル化のメリットとデメリット
＋
❶同期できる
❷なくす心配がない
❸何度も見直せる
❹検索が簡単
－
❶脳の働きが落ちる
❷テクノロジーは過度になりがち
❸創造力が押しつぶされてしまう
❹やらなければならない課題がある

と利用することもできます。

〈メリット④〉検索が簡単

リストをいつどこで書いたかに関係なく、それを見つけることができます。いつでも引き出せるデジタル記録があるのですから。

〈デメリット①〉脳の働きが落ちる

デジタルでリストをつくると、手書きでつくるときほどワクワクした気分は感じられないかもしれません。手書きすることでアイデアが浮かんだり、運動能力が高まったりすることが研究からわかっています。年配者の脳が衰えないことからも、手書きが効果的だとされています。

〈デメリット②〉テクノロジーは過度になりがち

これはよくわかります。わたしもまさに同じことを思っていたのですから。必要なことをメモするだけでいいのに、なぜ、わざわざアプリをインストールするのでしょう?

〈デメリット③〉創造力が押しつぶされてしまう

メモを取ったりリストをつくったりするときに、絵や図形、あるいは表を描きたいと思ったなら、デジタルではちょっとむずかしいかもしれません。

〈デメリット④〉やらなければならない課題がある

すべてのアプリがあなたの役に立つわけではありません。それに、わたしのお気に入りのアプリがどれもあなたにぴったりというわけでもないのです。秘訣は、どのアプリが自分にもっとも合うか、試して見つけることです。この作業には時間を取られますし、イライラさせられる場合もあります。でも、これだと思うアプリを見つけたときは人生が変わるでしょう。

このように、メリットとデメリットを並べてみましたが、**あらゆるデメリットは克服できる**と言っていいでしょう。紙と鉛筆をすっかりやめてしまう必要もありません。デジタルと従来のリストづくりの方法が共存できるやり方はあります。そしてデジタル化を進めていけば、すばらしい恩恵が受けられるでしょう。

テクノロジーの専門家であるカーリー・クノブロッフと話していたとき、彼女はこんなことを言いました。「テクノロジーを利用したことで、母親としての考え方が根本から変わった」と。

「今では、ふと浮かんだ考えを記録しておく場所があります。すぐさま記しておかなければ、絶対に忘れてしまったはずの考えを残しておけるの。あまりにもいろんなことがあって、さまざまなことが起こるから忘れてしまいそうなことでもね」と彼女は言うのです。

おすすめ「5つのアプリ」

スマートフォンで使える、申し分ないToDoリスト用のアプリを見つけたいと思っているあなた。

メモアプリだけが、使えるアプリではありません。いろいろと使ってみて、生活をもっと楽にするために必要な、まさにぴったりのアプリを見つけることが大切です。タスクを思い出させてくれるアプリも、友だちとタスクを共有しやすくしてくれるアプリもあるでしょう。完了のチェックを入れるまで、あなたを悩ませるアプリも……。自分に役立つアプリを見つけてください。

わたしのお気に入りのアプリをいくつか挙げておきます。

❶エバーノート（Evernote）

たったひとつのアプリしか使わないというのなら、「エバーノート」を選びましょう。第3章でお話ししたように、エバーノートは誰かと仕事をするときに利用できます。共同作業を楽にしてくれるからです。それだけでなく、すべてをひとりでやってのける場合でも役に立つツールです。用途が広く、仕事での経費の管理や、子どもたちのために完璧な誕生日パーティを計画するといったことにも使えます。

たとえば、ｉＰｈｏｎｅにエバーノートのアプリをインストールして、アカウントを作成します。

エバーノートはクラウドベースのシステムなので、望む情報を何でも保存しておけます。メモや写真を保存してもいいし、ウェブ上の記事をクリップしてもかまいません。音声も保存しておけるのです。

何でも保存できるうえ、インターネットにさえつながっていればどこからでも、デスクトップのパソコンでもノートパソコンでもアクセスできます。

やはりエバーノートに夢中なある友人が、こう言ったことがありました。**「エバーノートは『わたしの頭脳の延長』だ」**と。それは的外れではないと思います。

記録しておきたいけれども、忘れるかもしれないと思うものは何でもエバーノートに入れましょう。そうすれば、あらゆるアイデアを整理して記録した何冊ものノートをつくることができるわけです。

エバーノートをわたしがどのように使っているか、例を挙げます。

アウトラインとアイデア

ブログ投稿のアイデアや仕事で取材する話、執筆する本の案など――こういう考えがわたしの頭の中に浮かぶのは、まったくあり得ないようなときです。でも、今ならいつでもｉＰｈｏｎｅのエバーノートを立ち上げて、思いついたことを何でも入力しておき、あとで詳しく追っています。

通勤時間にｉＰｈｏｎｅからエバーノートで原稿やブログ投稿のアウトラインをつくっているので、パソコンに向かったときは以前よりも効率よく仕事ができるようになりました。

ウェブ上の記事をクリップする

エバーノートには、「ｗｅｂクリッパー」というすばらしい機能があります。ウェブページを見ていて、気になる記事やレシピ、贈り物のアイデアなどのページを保存したい場合に重宝するでしょう。

休暇の準備とリサーチ

休暇の計画を立てるとき、いつもエバーノートで作業します。よく整理されたシステムですから、あらゆる資料をひとまとめに保存しておけるのです。エバーノートの専用アドレスにメールを送信できるし、旅行の情報、旅行プランなどが自動的に保存されます。

それから、旅行中はそういったものをすべて「ノートブック」に入れておけば、アクセスも簡単です。このようなノートブックはスマートフォンに保存できるので、インターネットにつながらない環境でも心配いりません。

わたしはさまざまな休暇旅行先やリゾート地を比較するため、エバーノートのノートブック機能を活用しています。これにより、いつでも以前の資料に戻れます。

たとえば、11月が来るたびに、夫とわたしはどこか暖かいところへ避寒に行こうとします。毎年、わたしはいろいろな旅先をこれでもかとばかりに調べるのです。そして自分の意見や、各リゾート地のメリットやデメリットをエバーノートに保存します。そうすれば、次に夫と旅の計画を立てるときにゼロからリサーチしなくてもすむのです。

インタビューを記録する

会話やスピーチなどを録音しなければならないなら、エバーノートでできます。録音機能があり、思ったよりもずっと役に立つでしょう。たとえば、会議に出た場合、ノートをとってもいいし、ただ録音するということもできるのです。わたしはエバーノートのこの機能を使って、スカイプで行なったインタビューの音声を保存していきます。また、既存のＭＰ３ファイルを入れて保存することも可能です。

パスワード

自分のあらゆるパスワードをエバーノートに保存しておけば、忘れることは二度とないでしょう。保護を万全にしたい場合は、パスワードを記録したそのノートにパスワードを設定してもかまいません。

ノートの作成

会議に出るたびに、エバーノートを使ってその場ですべてのノートを取っています。プレゼンターの写真を撮ったり、スピーチを録音したりできるし、メモの入力もＯＫ。

連絡を取ることが大切な相手のリストや、会議が終わったあとでどのように交流を続けるかといったリストをつくるのにも、利用しています。おかげでこういったリストづくりも簡単になりました。

リストの保存

わたしはエバーノートにＴｏＤｏリストやレストランのリストをいくつか保存していています。でも、こうしたリストの保存にはたいていの場合、ほかのアプリを使っています。

クリスマス・ショッピング

これはわたしがずっとエバーノートを利用してきたタスクのひとつかもしれません。毎年８月に、クリスマスのプレゼントを買わなければならない相手をすべてリストにします。それから、すでに考えていたアイデアを書き出し、何か思いつくたびにあとでそのリストへ書き足していくのです。

エバーノートを利用すれば、リストに載った全員を把握するのも、プレゼントが用意できた人にチェックを入れるのも簡単にできます。

さらに、ウェブ上の記事をクリップする機能を使って、1年中、プレゼントのアイデアを保存しています。何を買ったらいいか途方に暮れたとき、エバーノートから、インスピレーションを得るのです。

知って
いましたか？

エバーノートをうまく活用できない場合

エバーノートをインストールしたけれど、「全然使えない」と言ってくる人がよくいます。わかります。エバーノートがちゃんと役に立つものになるまで、始めのうちはちょっと頑張らなければならないのです。

「これほどいいものはない」とエバーノートについて感じられるようになるためのヒントや秘訣をいくつか挙げましょう。

・たびたび使う

使えば使うほど、エバーノートは便利なものになっていきます。嘘じゃありません。エバーノート内の「ノート」は、スマートフォンに貼っておいた付箋とは違ってなくならないのです。数週間前のＴｏＤｏリストに戻って、何も見落としがなくてよかったと胸をなでおろすとき、わたしの言っている意味がわかるでしょう。

・クリップ保存する

保存しておきたいものをすべてクリップ保存することは、ごく普通の習慣になるでしょう。たとえば、あとで読みたい記事、応募したい仕事の情報、母親にあげたいクリスマスプレゼントのアイデアなど、頭に浮かんだものは何でも簡単にしまっておけます。閲覧したどのウェブサイトにも使えますし、自分のためにメモをつけるのも簡単。タグもつけられるので、必要になったときに探すのも楽です。

・共有することは思いやり

エバーノートを使って人々と共同作業をする方法は無限にあります。たとえば、あなたが花嫁付添人たちから遠い場所で挙式する計画を立てているなら、まずはアイデアを保存しておくフォルダーをつくりましょう。それから、こういうのがいいとか悪いとかいったコメントを、あなたや花嫁付添い人たちがそこにつけ加えていきます。

この方法を、イベントや休暇の計画を立てるときに使ってみてください。ブログ投稿を共有する場合にも使えますし、ほかにもいろいろと役に立つでしょう。

・メール機能を使う

エバーノートのアカウントを作成すると、送信用に専用のメールアドレスが手に入ります。それを使いましょう。かなり時間の節約になります。

たとえば、買ったプレゼントのレシートなど記録しておきたいものがあれば、撮影してエバーノートのメールアドレスに送信してください。すると、それは自動的に保存されるので、必要なときはいつでも簡単にアクセスできます。

さらに、わたしはこの機能を慈善の寄付をするときや職能団体の会費を払うときに使っています。Ｅメールで確認書が送られてくると、エバーノートのメールアドレスにそれを転送し、その年の税控除の項目として保存しておくのです。ひとつの場所にすべてが整然と気持ちよく収まります。

エバーノートの使い方に関するリストなら、いくらでもつくり続けることができるでしょう。使い道はたくさんあるのですから。新しい利用方法をわたしはいつも見つけています。

とにかく、わたしからの最高のアドバイスはこれ。「まずは使ってみること」です。使えば使うほど、エバーノートはあなたの第二の脳みたいに感じられるようになり、いっそう役立つものになっていくでしょう。

❷クリア（Clear）

クリアは今のところ、もっとも美しいデザインのアプリでしょう。とてもすっきりしていて、ユーザーに優しいアプリです。これがあれば、ＴｏＤｏリストにいろいろと付け加えたくなるに違いありません。
クリアのメリットとデメリットと思われる点を挙げておきましょう。

〈メリット〉

・とても魅力的なデザイン
・使いやすくて楽しい――削除やコンプリートはスワイプで操作し、タスクの並び替えはドラッグで行なう、など
・キュートな効果音（そういうタイプのアプリが好きな人にとってですが）
・ToDoリストの保存が簡単
・タスクの重要度を色の濃さで表わしている
・リストを記録しておくのに向いている――行ってみたいレストランのリスト、読みたい本のリスト、特定の日にやるべきタスクのリスト、など

〈デメリット〉

・一度に10までのタスクしか見られない

・メニュー一覧の画面の操作がややわかりにくい

わたしはこのアプリを、ブログ投稿のアイデアや、長期にわたる目標を記録したり、買い物リストをすばやくつくったりするのに使っています。でも、派手すぎるデザインだという不満もよく聞かれます。

❸ワンダーリスト（Wunderlist）

これはＴｏＤｏリストを整理するうえで優れたアプリです。わたしは食料品店やドラッグストアにちょっと買い物に行こうというときに使っています。お店では目に留まったピカピカの商品につい心を奪われてしまうことがありがち。でも、このアプリがあれば、何を買うかを思い出せるでしょう。

短いリストづくりに便利です。かなりシンプルですが、ｉＰｈｏｎｅのメモアプリよりはましでしょう。

❹エニィ・ドゥ（Any.DO）

これはわたしのお気に入り。カレンダー機能があるので、締め切りの設定が簡単にでき、誰かを招待して自分のＴｏＤｏリストの項目を完了する手伝いをしてもらうことも可能です。

ＴｏＤｏリストの中にメモも書きこめます。だから、「夕食をつくる」といった項目があるとしたら、その項目の中に料理の材料をつけ足すこともできるわけです。

カーリー・クノブロッフはこのアプリが自由時間を見極めるのに役立ち、その時間にできる、リスト内の項目を教えてくれると指摘しています。「1日を管理する」とはまさにこういうことです。

❺トゥドゥイスト（Todoist）

このアプリの強みは、優先順位をつけられること。やるべきタスクのそれぞれに優先度を設定し、複数のプロジェクトで共有できます。必要なら、サブタスクも設定しましょう。

わたしがこのアプリを好きなのは、かなり柔軟性があるからです。シンプルとは言えないかもしれませんが、複雑すぎもしません。さまざまな機能がありますが、自分にいちばん必要な機能を使って、ほかのものは無視しましょう。リストづくりのベテランだけではなく、始めたばかりの人にもこのアプリは理想的です。

一度にひとつのテクノロジー

ここに挙げたさまざまな方法にあなたが興味をかきたてられ、デジタルの世界を試す気になってくれればいいと心から願っています。でも、アキレス腱ならぬ、〝テクノロジー腱〟をたちまち切ってしまうような羽目には陥りたくないでしょう。

カーリー・クノブロックはこう言っています。

「役に立つ方法を一度にひとつだけ用いれば、自信が得られ、良い習慣が身につきます。何もかもいっぺんにやろうとしたり、生活のすべてやうまくいかないやり方を全部変えようとしたりしてはいけません。一度にあれもこれもやろうとすると失敗し、こっそり逃げ出す羽目になるのです」

デジタルを利用したリストづくりがうまくいきますように！

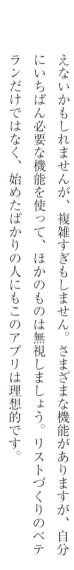

おわりに

最後のリスト

さて、もうあなたもリストについてはあらゆることがわかりましたね。
それでは、このあとは？　そう、もちろん、またリストをつくるんです！

・とにかくリストづくりを始めてください。何かを始めるのは、いつだっていちばん大変なもの。わたしがおすすめするのは、「人生リスト」（116ページ参照）から取りかかること。あなたを誰よりもよく知っているのはあなた自身です。だから、もしもお金や時間や責任が障害とならない場合に何をしたいか、すべて書きだしてみましょう。

・自分にとって使い勝手がいいものは何か判断してください。最初はなかなか大変ですが、それだけの価値があることは間違いありません。いろいろなノートやアプリ、鉛筆、ペンなどを試してみましょう。あなたの役に立つ方法があるはずです。

・リストをどれほど多くつくっても、または少ししかつくらなくても、どちらでもかまいません。プレッシャーなんか感じないで！

・わたしのサイトにアクセスしてリストづくりのアイデアを見つけてください。ListProducer.com【英語のみ】です。

・あなたがリストづくりを始められるように、要点をまとめてみました。無料でダウンロードできるので、ご覧ください。ListProducer.com/ListfulThinkingGuide【英語のみ】

・何か質問や困ったことがあったときはメールをくださいね。ただの挨拶メールでもかまいません。paula@listproducer.com【英語のみ】へどうぞ。

巻末付録

あなたにも
きっと役立つリスト

アパートメントを探すときのチェックリスト

□住所（場合によっては階数も）	
□連絡先	
□寝室の数	
□床面積	
□賃貸料	
□地下鉄の最寄り駅	
□セキュリティー	
□洗濯設備	
□食器洗い機	
□賃貸契約の期間	
□入居可能日	
□ドアマン	
□エアコン	
□利用できる駐車場	
□建物内のスーパー	
□クローゼットの数	
□カーペット敷きかフローリングの床か	
□塗装は最近のものか	
□ケーブル接続端子があるか	
□ペットの飼育は可か	
□屋外スペース	
□眺望	

旅に出るときの必携品リスト

＊服とアクセサリー類
- □機内用に、カシミヤの肩掛け
- □ウォーキング用に、たたんで楽にしまえるフラットシューズ
- □軽量のレインジャケット
- □夜のおしゃれ用に、控え目なデザインのブレスレット
- □折り畳み傘
- □ホテルの部屋や機内で履くスリッパ
- □ポケットがたくさんついた斜め掛けできるバッグ
- □機内用に、アイマスク

＊電化製品
- □ヘッドフォン用のイヤホンスプリッター（2人で一緒に映画を観られるように）
- □ヘッドフォン
- □ iPad やほかのタブレットとキーボード

＊その他
- □圧縮袋
- □目立つ色の手荷物タグ
- □携帯枕
- □ペンと小型のメモ帳（おすすめの場所や道順を書きとめるため）
- □小さなボトル入りの消毒用スプレー（ホテルの部屋の電話やリモコンなどに使うため）
- □洗濯する服を入れておく予備の袋
- □ビニール袋数枚（必要になるかも）

＊化粧品類
- □ウェットティッシュ（個包装されたもの）
- □ミニ霧吹き（機内で乾燥する肌を保湿するため）
- □さまざまな色のミニリップクリーム
- □ロールオンタイプの香水
- □足用の携帯デオドラント剤（マメができるのも防いでくれる）

□ Tシャツ、アンダーシャツ
□ トレーニングウェア
□ 男性用化粧品
□ 制汗剤
□ リップクリーム
□ 髭剃り道具、シェービングクリーム

＊新婦の持ち物
□ 結婚式の衣裳
□ そのほかの服と装飾品
□ 水着（数着）
□ ブラジャー
□ パンティー
□ ランジェリー
□ 装身具——
イヤリング、ネックレス、ブレスレット
□ ドレス
□ ヒール靴
□ パレオ、サロン、大判のスカーフ
□ ローブ
□ サンダル
□ ショートパンツ、カプリパンツ
□ スカート
□ パンツ
□ スニーカーかウォーキングシューズ
□ 靴下
□ おしゃれなシャツ
□ セーター
□ 麦わら帽子、またはつば広の帽子
□ タンクトップ、ホルタートップ、
ノースリーブのトップ
□ ビーチサンダル
□ トレーニングウェア

＊その他
□ ベビーパウダー
□ ドライヤー、ヘアアイロン
□ クシ、ブラシ
□ 化粧ケース、化粧ポーチ
□ 制汗剤
□ 足の消臭クリーム
（サンダルの靴ずれにも効果的）
□ メイク用品
□ メイク落とし
□ 洗顔フォーム
□ タンポン
□ おりものシート
□ 歯ブラシ、歯磨き粉、
マウスウォッシュ
□ デンタルフロス
□ シャンプー、コンディショナー、
スタイリング剤
□ 髪ゴム
□ 毛抜き
□ イヤリング
□ ヘッドピース
□ ヴェール
□ 結婚式用の靴

海外での挙式用荷造りリスト

＊通信機器ほか
- □スマートフォンと充電器
- □デジタルカメラ、バッテリー、メモリーカード
- □iPod、MP3 プレイヤー、ヘッドフォン
- □電子ブックリーダー
- □旅行ガイド

＊医薬品類
- □抗生物質のクリーム
- □下痢止めの薬
- □絆創膏
- □経口避妊薬
- □虫除け
- □予備のサングラス
- □ヒドロコルチゾン１％かゆみ止めクリーム
- □潤滑剤
- □鎮痛剤
- □処方薬
- □酔い止めバンド、または酔い止め薬（クルーズ対策）

＊お金と書類関係
- □名刺
- □現金
- □運転免許証
- □緊急連絡先
- □旅程表
- □結婚許可証
- □紙の航空券、またはｅチケットの控え
- □パスポート
- □プリペイド式テレホンカード
- □結婚式の招待客名簿、またはそれにサインインするためのパスワード
- □招待客へのギフト

＊その他もろもろ
- □抗菌ジェル
- □綿棒
- □鍵
- □粘着クリーナー
- □マッサージオイル
- □圧縮袋
- □トランプ
- □サングラス
- □日焼け止め
- □傘
- □新郎からのギフト、新婦からのギフト

＊新郎の持ち物
- □結婚式の衣裳
- □運動靴またはウォーキングシューズ
- □ベルト
- □ボクサーパンツ、ブリーフ
- □カジュアルなシャツ
- □ワイシャツ
- □革靴
- □帽子
- □ズボン
- □パジャマ、ローブ
- □サンダル
- □半ズボン
- □スポーツジャケット
- □海水パンツ
- □ネクタイ

【著者紹介】

ポーラ・リッツォ（Paula Rizzo）

FOX ニュースでヘルス担当のシニアプロデューサーを務める。ニューヨーク出身。かつてエミー賞を受賞し、成功できたのも、リストをつくらずにはいられない父親譲りの性格のおかげだと考えている。やるべきことや予定など、すべてをリストにしてしまう。もっと計画的になり、目的意識を持ち、より有能になり、さらにストレスを減らせるようになることを目的としたListProducer.com を運営している。現在は夫のジェイ・バーマンとマンハッタンに在住。

【訳者紹介】

金井真弓（Mayumi Kanai）

翻訳家。千葉大学人文社会科学研究科修士課程修了。おもな訳書に『幸せがずっと続く12の行動習慣』『リュボミアスキー教授の人生を「幸せ」に変える10の科学的な方法』（以上、日本実業出版社）、『ジグ・ジグラーのポジティブ思考』『サブプライムを売った男の告白』（以上、ダイヤモンド社）、『人を助けるとはどういうことか』『ダイアローグ』『サーバントリーダーシップ』（以上、英治出版）などがある。

リストマニアになろう！
理想の自分を手に入れる「書きだす」習慣

2016年6月5日　第1刷発行

著　者　ポーラ・リッツォ
訳　者　金井真弓

発行者　土井尚道
発行所　株式会社飛鳥新社
〒101-0003 東京都千代田区一ツ橋2-4-3　光文恒産ビル
電話（営業）03-3263-7770（編集）03-3263-7773
http://www.asukashinsha.co.jp

印刷・製本　中央精版印刷株式会社

ISBN978-4-86410-492-0

編集担当　江川隆裕